KB069099

오락가락, 선택은 어려워

카너먼이 들려주는 행동 경제학 이야기

16
경제학자가 들려주는
경제 이야기

고전 속 경제,
교과서와 만나다

카너먼이 들려주는
행동 경제학 이야기

오락가락, 선택은 어려워

오형규 지음 · 윤병철 그림

|주|자음과모음

독자 여러분과 함께 대니얼 카너먼(Daniel Kahneman)의 행동 경제
학 강의를 들을 수 있게 돼 무척 기쁩니다. 카너먼이라는 이름이 낯
설다고요? 처음 들어 본 분들이 많을 것입니다. 하지만 카너먼은 요
즘 세계적으로 큰 관심을 모으고 있는 행동 경제학의 창시자로 꼽히
는 인물입니다. 그런데 뭐가 대단하냐고요?

최근 몇 년 사이 국내외에서 큰 인기를 모은 『경제학 콘서트』, 『괴
짜 경제학』, 『상식 밖의 경제학』 등과 같은 대중 경제 교양서를 한두
권쯤은 읽어 보셨을 것입니다. 이런 책들은 물론이고 경제학의 최신
이론들까지 거의 대부분 카너먼 이론의 세례를 받았다고 해도 과언
이 아닙니다.

미국 CBS 뉴스는 "애덤 스미스가 고전 경제학의 아버지라면 대
니얼 카너먼은 현대 경제학의 대부이다"라고 평가했습니다. 지금 세
계 경제학계에서 카너먼이 지닌 위상을 아주 적절하게 표현한 것이

라고 생각합니다.

카너먼은 1934년 이스라엘에서 태어났습니다. 이스라엘 헤브루 대학교 심리학 교수, 미국 UC 버클리 대학원 교수를 거쳐 지금은 미국 프린스턴 대학교 명예 교수입니다. 80세를 바라보는 고령임에도 2011년 『생각에 관한 생각(Thinking, Fast and Slow)』이라는 역작을 출간해 화제를 모았습니다. 그의 50여 년 연구 업적을 대중들을 위해 한 권으로 집대성한 것입니다. 이 책을 두고 『블랙 스완』의 저자인 나심 탈레브는 "애덤 스미스의 『국부론』, 프로이트의 『꿈의 해석』과 동급"이라고 극찬했을 정도입니다.

카너먼은 심리학자이면서 2002년 노벨 경제학상을 수상해 세상을 놀라게 했습니다. 역대 노벨 경제학상 수상자 중 경제학자가 아닌 사람은 카너먼을 포함해 단 네 명뿐입니다. 카너먼은 애덤 스미스 이후 250년간 군림해 온 주류 경제학을 심리학적 통찰력으로 뒤흔들었습니다.

주류 경제학에서는 인간을 '합리적 선택'을 하는 존재로 전제하고 이론을 전개합니다. 하지만 카너먼은 합리성이란 그 전제부터 틀렸다고 직격탄을 날렸습니다. 카너먼은 고정 관념에 기초한 인간의 두루뭉술한 사고와 편향에 대한 연구에 평생을 바쳤습니다. 인간이 모두 비합리적인 것은 아니지만 합리성이란 전제는 비현실적임을 각종 심리 실험을 통해 입증했습니다.

카너먼이 관찰한 인간은 고정 관념과 빠른 판단(휴리스틱)에 의해 종종 편향에 빠지는 존재입니다. 자기가 본 것을 전부로 여기는 직관의 노예가 되기도 합니다. 확실한 이익 앞에서는 겁쟁이가 되고, 반대로 손해가 거의 확실할 때는 누구도 못 말리는 도박사가 됩니다. 생각의 틀(프레임)에 따라 정반대 선택을 하기도 하고, 어제와 오늘의 선택이 달라지는 일도 비일비재합니다. 실상이 이런데도 인간은 항상 합리적 선택을 한다고 전제하는 것이 타당할까요?

그렇다고 카너먼이 인간의 비합리성만을 주장한 것은 아닙니다. 그는 주류 경제학이 내세운 합리성이란 개념을 부정했을 뿐입니다. 사람은 대체로 이성적이긴 한데 그 이성에는 다소 결함이 있다는 게 카너먼의 생각입니다.

누구나 자신의 선택으로 인해 좋았던 적이 많지만 후회한 적도 많을 것입니다. 자신이 무슨 잘못된 판단을 하고 있는지 알고 행동하는 것과 모르고 행동하는 것은 하늘과 땅 차이입니다. 카너먼이 들려주는 행동 경제학 이야기는 바로 직관적 사고에 의해 우리 선택이 얼마나 왜곡되는지 그 실체를 일깨워 줍니다. 여러분들이 더 나은 선택과 결정을 내리는 데 카너먼의 최신 강의가 도움이 되기를 기대합니다.

오형규

차 례

○ 교과서에는

인간은 이성적으로 완벽한 존재가 아니기 때문에 종종 판단에서 오류를 보이기도 한다. 특히 소수의 사례만을 가지고 성급하게 일반화하는 오류를 보이는 경우가 많은데, 이러한 경향은 종종 경제 활동에도 영향을 끼치게 된다. 일반적으로 경제 활동은 '효용'에 근거해 이루어지게 되는데 인간의 인지 착각에서 오는 다양한 오류들이 종종 경제적으로 손실을 입히는 행동 결과를 가져오기도 한다.

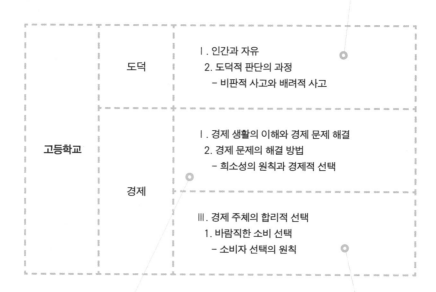

고등학교	도덕	Ⅰ. 인간과 자유 2. 도덕적 판단의 과정 – 비판적 사고와 배려적 사고
	경제	Ⅰ. 경제 생활의 이해와 경제 문제 해결 2. 경제 문제의 해결 방법 – 희소성의 원칙과 경제적 선택
		Ⅲ. 경제 주체의 합리적 선택 1. 바람직한 소비 선택 – 소비자 선택의 원칙

경제 행위는 선택이다. 경제적 선택은 비용과 편익을 고려하여 합리적인 결과를 가져올 수 있도록 해야 한다. 그러나 현실 경제는 사람마다 가치관이 다르기 때문에 선택의 결과가 다르게 나타날 수 있다.

어떤 재화나 서비스를 소비하는 과정에서 느끼는 즐거움 또는 만족감을 효용이라고 한다. 동일한 재화라도 첫 번째 단위와 마지막 단위의 소비에서 느끼는 효용은 분명히 다르다. 어떤 상품의 소비량을 한 단위 늘렸을 때 효용이 얼마만큼 증가하는지를 나타내는 것이 한계 효용이다.

	세계사	대니얼 카너먼	한국사
1934		텔아비브 출생	
1941	태평양 전쟁(~1945)		
1945		예루살렘 헤브루 대학에서 심리학 전공	8·15 광복
1946	국제 부흥 개발 은행 발족	팔레스타인 이주	제1차 미소 공동 위원회 개최
1958	유럽 경제 공동체 발족	버클리 캘리포니아 주립 대학에서 심리학 박사 학위	
1961	소련, 유인 인공위성 발사	예루살렘 헤브루 대학에서 심리학 강의 시작(~1978)	5·16 군사 정변
1971	중국, 유엔 가입	트버스키와 「작은 수의 법칙에 대한 믿음」 공동 발표	제7대 대통령 선거
1974		「불확실성하에서의 판단: 휴리스틱과 편향」 공동 발표	긴급 조치 선포
1977		스탠포드 대학 행동 과학 연구소 연구원으로 재직	제4차 경제 개발 5개년 계획 실시
1978		캐나다 브리티시컬럼비아 대학교 심리학 교수로 재직(~1986)	자연 보호 헌장 선포
1979		트버스키와 공동 연구, 전망 이론 발표	
1980	이란·이라크 전쟁		5·18 민주화 운동
1986	소련, 체르노빌 원전 사고	미국 캘리포니아 대학교 버클리 대학원 심리학 교수(~1993)	서울 아시아 경기 대회
1988	이란·이라크 종전		서울 올림픽 대회
1989	독일, 베를린 장벽 붕괴		헝가리와 수교
1993	우루과이 라운드 타결 북미 자유 무역 협정 체결	미국 프린스턴 대학교 심리학과 교수	금융 실명제 실시
2002		노벨 경제학상 수상	2002 월드컵 축구 대회 한일 공동 개최
2011		『생각에 관한 생각』 출간	

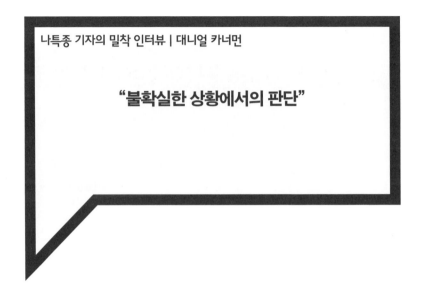

"불확실한 상황에서의 판단"

오늘은 행동 경제학의 창시자이자 현대 경제학의 대부(代父)로 일컬어지는 대니얼 카너먼 선생님을 만나 보겠습니다. 본격 강의를 시작하기에 앞서 밀착 인터뷰를 통해 직접 선생님의 육성을 들어 봅시다.

안녕하세요, 나특종 기자입니다. 이렇게 만나 뵙게 되어 영광입니다. 먼저 선생님을 잘 모르는 학생들을 위해 간략히 소개해 주시죠. 이스라엘에서 태어나셨다고 하던데요?

네, 그렇습니다. 1934년 이스라엘 텔아비브에서 났습니다. 어린 시절은 대부분 프랑스에서 보냈습니다. 아버지가 저명한 화학자여서 비교적 유복하고 학구적인 분위기에서 자랐습니다. 하지만 나치 독일이 프랑스를 점령하면서 아버지는 내가 여섯 살 때(1940) 유대인 수용소로 끌려갔습니다. 아버지가 진행하시던 연구가 중요한 것으로 인정받아 다행히 풀려났지만 1944년 돌아가시고 말았습니다. 어머니와 나는 제2차 세계 대전이 끝날 때까지 숨어 지내야 했습니다. 그러고 나서 이스라엘이 건국된 1948년에야 고국으로 돌아왔습니다.

아, 그러셨군요. 20세기 굴곡의 역사를 몸소 체험하신 셈이네요. 힘든 어린 시절을 보내신 후 대학 시절 이야기와 경력도 소개해 주시죠.

예루살렘에 있는 헤브루 대학교에서 심리학과 수학을 전공했습니다. 학창 시절에 경제학과는 거리가 멀었고 경제학 강의를 들어 본 적도 없습니다. 1954년 대학 졸업 후 군에 입대했는데 전공을 살려 신병 선발 때 인성 평가서를 만들어 활용하기도 했습니다. 제대 후에는 헤브루 대학교의 지원으로 미국 UC 버클리 대학원에서 1961년 행동 심리학 박사 학위를 받았습니다. 그 뒤 헤브루 대학교에서 16년간 강사, 교수로 일하다 1978년 캐나다 브리티시컬럼비아 대학교 교수로 옮겼습니다. 1986년 UC 버클리 교수에 이어 1993년부터 프린스턴 대학교에서 교수로 일하고 있습니다. 이제는 나이가 많아 명예 교수로 물러났지만, 후후.

그렇군요. 1961년부터 교수로만 무려 51년을 재직하신 셈인데 지겹지 않으셨나요?

그렇게 보였나요? 이상하게 들릴지 모르지만 내 취미이자 특기가 공부하기와 책 읽기입니다. 내가 너무 재미없는 사람 같아 보이죠? 하지만 내 논문과 책을 읽어 보시면 그런 느낌이 들지 않을 겁니다. 행동 경제학의 이론과 심리 실험 사례들이 너무나 흥미진진하니까요. 누구나 공감할 부분도 많을 겁니다. 나는 이런 공부가 너무 재미있어서 다른 데 한눈팔 생각을 못했습니다.

선생님을 이야기할 때면 평생 동료였던 아모스 트버스키 선생님을 빼놓을 수 없습니다. 두 분은 어떻게 만나셨나요?

아모스는 내 평생 학문의 동반자였습니다. 사람들은 아모스를 두고 '이제껏 만난 사람들 중 가장 똑똑한 사람'이라고 입을 모았습니다. 그와 처음 만난 건 1969년 헤브루 대학교에서 공동 연구를 시작했을 때였습니다. 직접 만나 보니 정말 머리가 비상하고 입담이 좋고 카리스마가 넘쳤습니다. 그가 59세였던 1996년에 암으로 애석하게 세상을 떠날 때까지 27년간 함께 연구했습니다. 우리는 대학 교정을 거닐 때나 연구실에서나 카페에 앉아 있을 때나 끊임없이 토론했습니다. 나중에 아모스가 스탠포드 대학교로, 내가 브리티시컬럼비아 대학교로 각각 옮긴 이후에는 하루에도 몇 번씩 전화 통화를 했을 정도였죠. 그래서 우리는 수십 년간 쌍둥이로 지낸 것 같습니다.

선생님이 1993년에 프린스턴 대학교로 옮긴 이후에도 트버스키 선생님과의 인연은 이어졌죠?

그렇습니다. 하지만 불과 3년 뒤 아모스가 세상을 떠났습니다. 너무 아쉬운 일이지요. 아모스처럼 출중하고 헌신적인 동료를 만났다는 것은 세상에 둘도 없는 행운이었습니다. 그 덕에 나는 2002년 노벨 경제학상을 받았습니다. 하지만 아모스는 그 영광된 자리에 함께 서지 못했습니다. 노벨상은 사망한 인물에게는 주지 않으니까요. 대신 나는 2011년에 펴낸 『생각에 관한 생각』의 첫 페이지에 "아모스 트버스키를 기리며"라고 헌사를 바쳤습니다. 지금도 아모스가 그립습니다.

두 분의 인연이 정말 대단하네요. 두 분은 연구 결과를 공동 명의로 발표하셨죠?

우리는 각자 박사 학위를 딴 뒤 헤브루 대학교에서 가르칠 때 판단과 선택에 관해 함께 연구했습니다. 먼저 1974년 세계적인 과학 저널인 『사이언스』지에 발표한 논문이 「불확실성하에서의 판단: 휴리스틱과 편향」입니다. 이어 1979년 수리 경제학의 대표적 저널인 『이코노메트리카』에 선택에 관한 이론을 발표했습니다.

이제 선생님이 연구하신 행동 경제학에 대해 들어 볼까요. 선생님은 주류 경제학을 송두리째 뒤흔들었다는 평가를 받는데 그 이유는 무엇입니까?

나는 본래 심리학자입니다. 경제학을 체계적으로 공부한 것도 아닙니다. 그런데 나와 아모스의 연구가 경제학자들에게는 충격이었나 봅니다. 경제학에서는 인간을 합리적 존재로 전제해 놨는데 그 전제부터 틀렸다고 지적했으니 그럴 만도 했죠. 하지만 아무리 관찰해 봐도 인간은 어처구니없는 판단과 결정을 내릴 때가 참 많습니다. 그럼에도 경제학에선 인간을 고성능 컴퓨터와도 같은 호모 이코노미쿠스로 상정해 놓고 이론을 펴 나갔으니 현실과 어긋날 수밖에 없죠.

선생님은 주류 경제학에서 말하는 효용 함수 대신 가치 함수를 제시하셨다고 들었습니다. 이것이 무슨 이야기인가요?

경제학의 효용 함수에서는 절대량이 효용을 좌우하죠. 철수는 갖고 있던 4만 원이 3만 원으로 줄었고 영희는 1만 원에서 2만 원으로 늘었다고 가정해 봅시다. 주류 경제학에서는 여전히 철수가 더 행복하다고 이야기합니다. 하지만 사람은 얼마를 갖고 있는가(절대량)보다는 어떻게 변했는가(변화량)에 더 민감하게 반응합니다. 이것이 내가 제안한 프로스펙트 이론의 가치 함수입니다. 가치 함수는 객관적인 가치가 주관적으로 어떻게 달리 느껴지는지에 대한 함수입니다.

이왕 말이 나온 김에 프로스펙트 이론에 대해 좀 더 설명해 주세요.

프로스펙트 이론은 사람이 선택할 때의 세 가지 특징을 보여 줍니다. 철수와 영희의 사례처럼 사람이 느끼는 효용은 그 절대량이 아니라 본래 상태가 준거점이 되어 이득과 손실의 영역으로 갈립니다. 이것이 준거점 의존성이란 특징입니다. 온도가 똑같이 3도가 변해도 21도에서 24도로 바뀔 때보다 1도에서 4도로 바뀔 때 훨씬 따뜻하게 느껴지죠. 이처럼 객관적인 가치가 커질수록 주관적 가

치의 변화 폭이 작아지는 특징을 민감도 체감성이라고 합니다. 한계 효용 체감의 법칙을 연상하면 됩니다. 아울러 같은 1,000원이라도 손실 1,000원이 주는 불만족은 이익 1,000원에서 얻는 만족보다 2.0~2.5배 큽니다. 사람들은 이익보다는 같은 크기의 손실에 훨씬 크게 감정적으로 반응합니다. 이것이 손실 회피성입니다. 결국 사람들의 선택은 주류 경제학에서 보는 것처럼 합리적이라기보다는 나의 스승과도 같은 허버트 사이먼 선생님의 주장대로 '제한된 합리성'을 갖는다고 보는 게 맞습니다.

가치가 같아도 상황에 따라 전혀 다르게 느껴진다는 게 재미있네요. 그렇다면 인간을 비이성적인 존재로 봐야 할까요?

그렇지는 않습니다. 나의 연구가 인간이 이성적 존재라는 사실 자체를 부인한 것은 아닙니다. 나는 노벨상 수상 연설에서 이 점을 명확히 밝혀 뒀습니다. 그때 이렇게 말했습니다. "우리(나와 아모스)가 한 일이 인간의 비합리성을 증명한 것이라고 말한다면 받아들이지 않겠습니다. 우리의 휴리스틱과 편향에 관한 연구는 합리성이라는 비현실적인 개념을 부정하고 있을 뿐입니다." 즉, 인간은 대체로 이성적이지만 그 이성은 눈에 보이는 것이 전부인 줄 아는 결함이 있어 엉뚱한 판단과 선택을 할 때가 많다는 점을 연구한 것입니다. "이성은 조랑말, 감성은 거대한 코끼리"라는 이야기도 있지 않습니까.

사람이 판단이나 선택에서 오류가 잦은 근본 원인은 무엇입니까?

사람의 사고 체계는 시스템 1과 시스템 2로 구성돼 있습니다. 시스템 1은 직관, 빠른 사고를 가리키고, 시스템 2는 시스템 1에 의한 판단을 피드백하고 심사숙고하는 느린 사고를 지칭합니다. 이 둘은 서로 보완 관계이지만 따로 작동하기도 합니다. 시스템 1은 의식하지 않아도 자동으로 작동하고, 시스템 2는 차분하긴 하지만 게으른 것이 특징입니다. 문제는 사람들이 자기가 본 것이 전부라고 믿고, 쉽사리 남을 따라 하는 경향이 있다는 데서 발생합니다. 시스템 1은 아주 제한된 정보만 있어도 이를 토대로 그럴싸하게 여기는 방향으로 빠르게 판단해 버리는 것이죠. 물론 빠른 판단이 유용할 때도 많습니다. 하지만 시스템 2가 항상 시스템 1의 빠른 사고의 오류 여부를 피드백해 주지 못합니다.

사람이 비합리적이 된다는 것은 어떤 경우인가요? 예를 들어 설명해 주시죠.

사람들은 선입견과 고정 관념에 의해 자신은 뭐든 잘될 것이라고 믿는 낙관주의와 과도한 자신감(과신)을 갖는 경향이 있습니다. 예컨대 창업하는 사람들의 절반 이상이 3년 내 문을 닫는 게 현실입니다. 하지만 창업하는 사람들은 누구도 자기가 3년 내 망할 확률이 50% 이상이라고 여기지 않습니다. 그런 불행은 남의 일로 치부해 버립니다. 또한 집단의 비합리성이 세상을 움직이는 상황이 경제의 거품입니다. 개인이든 집단이든 독단적인 의사 결정, 비합리적 행동을 거듭한 결과가 2000년대 초 IT(정보 기술) 거품, 2008년 서브프라임 모기지 사태 같은 것이었습니다. 이런 경제 거품은 앞으로도 지속적으로 발생할 것입니다.

또다시 그런 위기가 온다니 좀 겁이 나네요. 선생님의 역작인 『생각에 관한 생각』을 두고 극찬이 이어지고 있습니다. 특히 나심 탈레브는 선생님을 애덤 스미스, 프로이트와 동급으로 보던데요.

하하, 과찬입니다. 감히 애덤 스미스나 프로이트 같은 분들과 견줄 수 있나요? 나와 아모스가 첫 논문을 발표한 이후 우리 친구인 리처드 탈러를 비롯해 폴 슬로빅, 게르트 기거렌처, 로버트 자이온스, 댄 애리얼리 같은 쟁쟁한 분들이 행동 경제학이란 학문 영역을 차근차근 완성해 가고 있습니다. 행동 경제학은 앞으로도 계속 성장해 갈 것입니다. 여러분도 지속적으로 관심을 가져 주기 바랍니다.

네, 카너먼 선생님. 인터뷰에 응해 주셔서 대단히 감사합니다.

고맙습니다. 곧 이어질 강의를 통해 여러분께 행동 경제학에 대해 자세히 설명해 드리겠습니다.

오늘 인터뷰를 통해 대니얼 카너먼 선생님에 대한 궁금증이 좀 풀리셨으리라 믿습니다. 이것으로 인터뷰를 마치고 선생님의 본격적인 강의를 들어 보겠습니다. 지금까지 나특종 기자였습니다.

생각과 착각을
만 드 는 시 스 템

대부분의 사람들은 과도한 자신감을 가지고 자신의 직관
을 믿는 경향이 있습니다. 하지만 사람의 직관적 사고란
틀리기가 쉽지요. 우리의 생각이 착각을 일으키는 이유
는 무엇일까요? 사고에 대한 인식 체계에 대해 함께 살
펴봅시다.

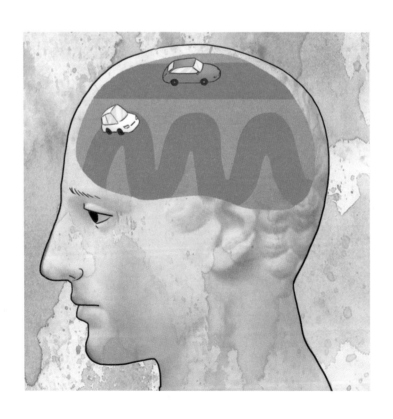

모세의 착각

'두 선 중 어느 쪽이 더 길까?'

누구나 이 문제를 한 번쯤 보았을 것입니다. 이것은 뮐러리어의 도형(Müller-Lyer figure)입니다. 독일 사회학자 겸 심리학자 프란츠 뮐러리어가 1889년에 고안한 것입니다. 사람의 눈이 얼마나 쉽게 시각적 착각(착시)을 일으키는지를 보여 주는 유명한 착시 도형입니다. 얼핏 보면 두 선의 길이가 확연히 달라 보입니다. 하지만 자를 대고

재 보면 신기하게도 같습니다. 양 끝의 화살표가 바깥쪽으로 향하느냐 안쪽으로 향하느냐에 따라 달라 보이는 착시를 유발한 것입니다. 두 선의 길이가 같다는 사실을 알고 다시 보아도 여전히 위의 선이 길고 아래 선이 짧아 보이는 것은 왜일까요? 우리 눈이 이상한 것은 아닌가요?

사람의 착각은 시각적 착각만 있는 게 아닙니다. 생각의 착가, 즉 인지적 착각(cognitive illusion)도 흔히 발견할 수 있습니다. 다음 문제를 봅시다.

모세는 동물들을 종(種)별로 몇 마리씩 방주에 태웠을까?

두 마리씩이죠, 그렇게 답하는 사람들이 아주 많았던 반면 질문이 잘못된 것임을 곧바로 감지한 사람은 매우 적었습니다. 그래서 모세의 착각(Moses illusion)이라는 이름이 붙었습니다. 방주에 동물을 한 쌍씩 태운 인물은 모세가 아니라 노아입니다. 모세와 노아는 둘 다 구약 성서의 인물이고, 이름이 두 음절이고 받침도 없습니다. 둘의 이름에서는 흔히 바다를 연상하게 되고 지도자의 이미지도 갖고 있습니다. 이런 기억들이 정확한 판단을 방해한 것입니다. 내친 김에 간단한 테스트를 더 해 볼까요?

야구 방망이와 야구공을 합친 가격이 1만 1,000원이다. 방망이는 공보다 1만 원 더 비싸다. 그렇다면 야구공은 얼마인가?

어떤 숫자가 답으로 떠오릅니까? 1,000원이라고 답하는 분들이 많군요. 만약 야구공이 1,000원이라면 방망이는 가격이 1만 원 더 비싸니까 1만 1,000원이 되어야 합니다. 그러면 둘을 합쳐 1만 2,000원이니 틀렸네요. 정답은 500원입니다.

여러분이 틀렸다고 낙담할 필요는 없습니다. 수천 명이 넘는 미국 대학생들이 이 문제를 풀었는데 결과는 깜짝 놀랄 만했습니다. 미국에서 최고 명문대라는 하버드 대학교, MIT, 프린스턴 대학교의 학생들조차 절반 이상이 여러분처럼 1,000원이라고 답했으니까요. 이보다 덜 유명한 대학들에서는 학생들의 오답률이 80퍼센트가 넘었습니다. 여러분 중에 처음부터 정답을 떠올렸다면 스스로 자신감을 가져도 될 것입니다.

방망이와 공의 문제는 의사 결정 전문가인 셰인 프레더릭이 나와 함께 판단 이론을 연구할 때 개발한 인지 반응 테스트(CRT)입니다. 문제를 접했을 때 곧바로 머리에 떠오른 답, 즉 직관적으로 판단한 답이 틀렸다는 사실이 흥미롭죠? 이 문제는 앞으로 내 강의에서 반복적으로 강조될 주제의 맛보기 정도로 생각하시면 됩니다. 사람들이 과도하게 자신감을 갖고 자신의 직관을 상당히 믿는 경향이 있다는 것을 보여 드릴 것입니다. 프레더릭이 개발한 다른 CRT 문제들도 풀어 봅시다.

인지 반응
개인이 정보를 받아들이고, 처리하고 반응하는 것을 의미합니다.

- 연못에 수련 잎이 떠 있다. 연잎이 연못을 덮는 면적은 매일 두 배씩 늘어난다. 연잎이 연못 전체를 덮는 데 24일이 걸린다면 연못의 절반을 덮는 데는 며칠이 걸릴까?
- 10대의 기계로 10벌의 옷을 만드는 데 10분이 걸린다. 그렇다면 100대의 기계로 100벌의 옷을 만들려면 몇 분이 필요할까?

많은 사람들이 12일과 100분이라고 답했습니다. 맞을까요? 정답은 23일과 10분입니다. 23번째 날에 연못의 절반을 덮은 연잎은 그

다음 날 두 배로 늘어나 전체를 덮게 됩니다. 또한 10대의 기계로 10벌을 만드는 데 10분이 걸리므로 1대의 기계가 1개를 만드는 데에도 역시 10분이 소요됩니다. 100대로 100벌을 만들어도 마찬가지로 10분이 걸립니다.

답을 알고 나면 왜 틀렸는지 바로 감이 잡히죠? 사람의 직관적 사고라는 것이 얼마나 쉽게 틀릴 수 있는지, 잠시 찬찬히 생각해 보면 정답을 알 수 있는데 왜 그렇게 하지 못하는지, 참 이상한 것이 사람의 인식 능력입니다. 이번에는 아래 **삼단 논법**이 논리적으로 타당한지 최대한 바로 답해 보세요.

> **삼단 논법**
> 전제가 되는 두 개의 판단 명제에서 결론을 이끌어 내는 추리 방법입니다.

모든 장미는 꽃이다.
어떤 꽃은 빨리 시든다.
따라서 어떤 장미는 빨리 시든다.

과반수가 넘는 학생들이 이 삼단 논법이 타당하다고 답했습니다. 하지만 이 주장은 논리적으로 틀린 것입니다. 장미는 꽃이라는 전제와 어떤 꽃은 빨리 시든다는 전제 사이에는 논리적 연관성이 없기 때문입니다. 빨리 시드는 꽃 중에는 장미가 없을 수도 있습니다. 이 실험은 일상생활의 논리적 사고가 얼마나 실망스러울 수 있는지 잘 보여 줍니다. 사람들은 결론을 사실이라고 믿을 때 결론을 뒷받침하는 듯한 주장까지도 쉽게 믿는 경향이 있습니다. 인정하고 싶지는 않겠지만 사람의 인식 체계가 안고 있는 불편한 진실입니다.

빠르게 생각하기 vs 느리게 생각하기

우리가 잘 알고 있는 영화 중에 곱상하게 생긴 주인공이 충격을 받거나 흥분하면 녹색 괴물로 둔갑한다는 내용의 〈인크레더블 헐크〉(2008)가 있습니다.

〈인크레더블 헐크〉의 한 장면

여러분은 이 영화를 보지 않았더라도 사진을 보자마자 엄청난 근육질의 괴물 같은 남자가 잔뜩 화가 나 있음을 금방 알아챌 수 있습니다. 그가 다음에 어떤 행동을 할까 이런저런 추측도 가능합니다. 큰 소리로 고함치고 닥치는 대로 부수려 하기 직전의 모습인 것 같습니다. 여러분이 단지 힐끗 보고 자연스럽게 연상할 수 있는 것입니다. 이것은 우리 머릿속의 빠르게 생각하기(thinking fast)의 전형적인 모습입니다.

'13×27'를 보면 곱셈 문제이고 또한 확실치는 않더라도 답이 1,000이나 151은 아니라는 것쯤은 금방 알 수도 있습니다. 하지만 연필과 종이를 놓고 시간을 들여 풀어 보지 않고서는 정답이 381이 아니라고 확신하기는 어렵습니다. 끝자리가 3 곱하기 7이니 1은 맞을 것 같지만 암산 능력이 없다면 갸우뚱하게 마련입니다(답은 351). 이런 과정이 머릿속에서 여러 단계를 거치며 심사숙고하는 천천히 생각하기(thinking slow)의 사례입니다.

이런 계산을 할 때는 긴장감을 느끼게 됩니다. 동공이 확장되고 근육은 긴장하고 혈압이 상승하고 심장 박동이 빨라지기도 합니다. 이처럼 천천히 생각하기는 의식적으로 덤벼들어야 하고, 노력을 들여야 하며, 질서 정연하게 펼쳐지는 정신 작용입니다.

심리학자들은 오래전부터 사람이 대상을 인식하는 상반된 두 가지 사고 모드에 큰 관심을 가져 왔습니다. 나는 이런 사고 모드를 시스템 1과 시스템 2라고 명명했습니다. 여기서 시스템은 컴퓨터의 정보 처리 체계에 비유하면 쉽게 이해할 수 있습니다. 머릿속 시스템 1은 힘들이지 않고 빠르게 작동합니다. 반면 시스템 2는 복잡한 계산처럼 긴장과 노력이 필요한 정신 활동입니다.

시스템 1과 시스템 2는 다른 이름으로 불리기도 합니다. 심리학자 리처드 탈러는 시스템 1을 자동 시스템(automatic system), 시스템 2를 숙고 시스템(reflective system)이라고 불렀습니다. 어떤 사물이나 현상을 자동적으로 받아들이는 인식 체계가 시스템 1이고, 곰곰이 생각하고 따져 본 후 받아들이는 인식 체계가 시스템 2입니다. 탈러의 설명에 의하면 미국인은 온도가 화씨로 제시되

숙고
아주 곰곰 잘 생각하는 것을 뜻하는 말입니다.

화씨
온도를 재는 척도로서 1기압하에서 물의 어는점을 32, 끓는점을 212로 정하고 두 점 사이를 180등분한 온도 눈금입니다. 단위는 °F를 사용합니다. 섭씨는 1기압하에서 물의 어는점을 0, 끓는점을 100으로 두고 그 사이를 100등분합니다.

면 자동 시스템(시스템 1)을 사용하지만 섭씨로 표현되면 숙고 시스템(시스템 2)을 사용해야 합니다. 한국인은 정반대이겠죠? 섭씨에 익숙해 있어 섭씨 30도가 어느 정도 더위인지 대강 알지만 화씨 86도라면 얼마나 더운지 감을 잡기 어려울 것입니다.

나도 처음에는 시스템 1을 자동적 시스템, 시스템 2를 의도적 시스템이라고 부를까 생각해 보았습니다. 그렇게 하지 않은 이유는, 시스템 1, 시스템 2보다 발음하는 데 시간이 더 걸리고 여러분의 기억에 더 많은 공간을 차지해 사고 능력을 제한하기 때문입니다. 다음은 시스템 1에 해당하는 자동적인 활동 사례를 정리한 것입니다.

- 누군가 갑자기 부르는 소리에 주의를 돌린다.
- 둘 중 어느 것이 더 멀리 있는지 찾아낸다.
- 상대의 목소리에서 친밀감을 감지한다.
- 2 + 2의 답을 말한다.
- 대형 간판에 적힌 글자를 읽는다.
- 텅 빈 고속 도로에서 자동차를 운전한다.
- 말끔한 옷차림, 단정한 머리에 말투가 공손한 사람은 사무직일 것으로 인식한다.

어떤 느낌이 드시나요? 이런 판단을 할 때는 별로 노력과 수고를 들이지 않아도 됩니다. 사람의 시스템 1에는 동물과 마찬가지로 선천적 능력이 내재돼 있기 때문이지요. 이런 판단은 마치 운전자가 내비게이션에 따라 운전하듯 자연스레 내려집니다. 그러나 시스템 2에 의한 활동은 주의를 요구하며 주의가 사라지면 그 자체가 와해되는 공통점이 있습니다. 다음 사례들을 살펴봅시다.

- 100미터 달리기의 출발 신호가 울리기를 기다린다.
- 시끄러운 방에서 한 사람의 목소리에 집중한다.
- 복잡한 수학 공식을 말로 설명한다.
- 글 속에 사람 이름이 몇 개가 들어 있는지 세어 본다.
- 친구가 불러 주는 휴대폰 번호를 받아 적는다.
- 주차장에서 차가 겨우 들어갈 비좁은 공간에 주차한다.
- 추리 소설에서 사건에 대한 복선을 찾아낸다.

이런 상황들에서는 무엇보다 집중하지 않으면 좋은 결과를 얻을 수 없습니다. 시스템 2는 기억과 특별한 주의 기능을 프로그래밍해 시스템 1이 더 원활히 작동하도록 하는 능력도 있습니다. 예컨대 사람들로 북적이는 터미널에서 친척을 기다릴 때 대머리 아저씨나 붉은 원피스를 입은 여성을 찾겠다고 미리 정보를 입력해 놓으면 멀리서도 더 쉽게 발견할 수 있을 것입니다.

스포츠 선수들이 끊임없는 훈련과 연습을 거듭하는 것은 느린 시스템 2에 의한 판단을 빠른 시스템 1의 자동 반응으로 바꾸려는 노력이라고 할 수 있습니다. 예를 들어 테니스 선수들은 상대 선수가 날린 서브가 매번 어떻게 날아올지를 계산한 뒤 리시브를 하지는 않습니다. 프로 테니스의 남자 선수들은 서브 속도가 시속 200킬로미터를 훌쩍 넘습니다. 총알같이 날아오는 서브를 시스템 2를 이용해 각도, 속도, 회전 정도를 일일이 계산해 받으려 하다가는 리시브를 한 번도 성공시키기 어려울 것입니다. 따라서 선수들은 날아오는 서브가 자신의 왼쪽, 오른쪽인지만 확인하고 몸이 즉각적이고 자동적으로 반응하게끔 부단히 연습을 합니다. 연습을 통해 시스템 1을 최대한 활성화시키려는 목적입니다.

하지만 수고와 노력을 기울이는 시스템 2의 활동들은 동시에 여러 가지를 수행하기 어렵습니다. 혼잡한 도로에서 좌회전을 하면서 13×29를 계산할 수는 없을 것입니다. 무언가에 지나치게 집중하다 보면 자기도 모르게 주위 상황에 눈이 멀게 됩니다.

크리스토퍼 차브리스와 대니얼 사이먼스가 함께 쓴 『보이지 않는 고릴라』에는 흥미로운 투명 고릴라 실험이 나옵니다. 두 저자는 사람들에게 농구공을 패스하는 두 팀(흰 셔츠 팀과 검은 셔츠 팀)의 짧은 동영상을 보여 주면서 흰 셔츠 팀이 패스한 횟수를 세 보라고 했습니다. 동영상 중간에서 고릴라 복장을 한 학생이 약 9초 동안 코트를 가로질러 천천히 걸으며 킹콩처럼 가슴을 두드리는 제스처를 취했습니다.

그런데 수천 명이 이 동영상을 봤지만 그중 절반 정도는 고릴라를 보지 못했습니다. 검은 셔츠 팀을 무시하고 흰 셔츠 팀의 패스 횟수만 세라는 지시에 따랐기 때문입니다. 반면 이런 지시를 받지 않

은 사람들은 거의 모두 고릴라를 알아봤습니다.

관찰과 적응은 시스템 1의 자동 기능이지만 별도로 주어진 자극에 어느 정도 주의를 기울이느냐에 따라 그 능력이 매우 달라집니다. 고릴라를 못 본 사람들은 실험 결과를 알고 나서 깜짝 놀랐습니다. 심지어 동영상에 고릴라가 등장하지 않았다고 우기기까지 했습니다. 투명 고릴라 실험은 사람이 명백한 것조차 볼 수 없을 때가 있고 자신이 못 봤다는 사실을 모를 수도 있다는 중요한 문제점을 일깨워 줍니다.

　어수룩해 보이는 시스템 1이지만 그 작동 방식이 좀 놀라울 때도 있습니다. 다음 두 단어를 보면 먼저 어떤 생각이 떠오릅니까?

　'사과, 설사.'

　불과 1~2초 동안 머릿속에서는 많은 일들이 떠오를 것입니다. 특히 설사라는 단어를 보자마자 곧바로 불쾌한 기억들, 난치한 상황, 역겨움에 표정을 찌푸리는 등의 반응이 나타납니다. 혹시 사과가 설사를 유발할지도 모른다는 생각이 떠올라 잠시 사과에 대해 혐오감이 생기기도 하지만 곧 사라집니다. 이어 여러분의 기억 상태는 다른 방식으로 바뀌어, 평소 이상으로 악취, 화장실 등 설사와 관련된 것들과 붉은색 등 사과를 연상시키는 단어들을 인식하고 반응할 준비가 갖춰집니다.

　이런 일련의 과정은 순식간에, 자동적으로, 전혀 힘들이지 않고 일어났습니다. 그런 반응은 스스로 멈출 수도 없습니다. 단어는 기억을 떠올리고, 기억은 감정을 유발하고, 감정은 다시 얼굴 표정과 흥분, 회피 같은 다른 반응을 가져왔습니다. 이 같은 연상적 활성화(associative activation)가 시스템 1의 작용입니다. 갑자기 떠오른 생각들이 두뇌 속에서 폭포가 퍼지듯 연쇄적 연상 활동을 일으켜 다른 많은 생각들을 야기하는 것입니다. 시스템 1은 두 단어의 단순한 결합을 인과 관계로 묶어 최대한 개연성 있는 현실의 반영인 것처럼 취급했습니다. 몸도 덩달아 반응하므로 감정적 반응과 신체적 위축이 일어나는 것입니다.

개연성
절대적으로 확실하지는 않지만 아마 그럴 것이라고 생각되는 성질을 의미합니다.

시각적으로 먼저 제시된 단어가 나중에 제시된 단어의 정보 처리에 영향을 주기도 합니다. 이런 현상을 점화 효과(priming effect)라고 합니다. 낮이란 단어를 들으면 떠오르는 게 '밤, 밝다, 해' 같은 단어들일 것입니다.

점화 효과는 다양하게 일어납니다. '먹다'라는 단어를 본 사람은 밥, 김치, 고기, 숟가락, 지방, 단백질, 과자, 다이어트 등 음식과 관련된 다양한 생각들이 자연스럽게 커질 것입니다. 마치 연못에 돌을 던지면 물결이 퍼져 나가듯이 생각의 작은 부분이 연상의 광대한 네트워크로 활성화되는 것입니다.

연상의 네트워크 내에서는 상호 연결(reciprocal link)이 흔히 발생합니다. 우리는 즐거우면 미소 짓는데, 미소를 지으면 즐거워지기도 합니다. 단순하고도 평범한 제스처가 무의식적으로 우리의 사고와 감정에 영향을 미치는 것입니다. 어떤 실험에서는 헤드폰으로 소리를 듣게 하면서 절반에게는 고개를 좌우로 흔들게 하고 나머지 절반은 상하로 끄덕이게 했습니다. 그리고 나서 신문 사설을 보여 줬더니 고개를 좌우로 흔든 사람들에 비해 위아래로 끄덕인 사람들이 사설의 주장을 훨씬 쉽게 받아들였습니다. 사람의 생각이 이렇게 쉽게 변할 수 있다니, 놀랍죠?

하나가 좋으면 다 좋아 보인다

다음 두 사람을 비교해 봅시다.

- 칠수 : 똑똑하다, 부지런하다, 충동적이다, 비판적이다, 고집
  스럽다, 질투심이 많다
- 만수 : 질투심이 많다, 고집스럽다, 비판적이다, 충동적이다,
  근면하다, 지적이다

대부분의 사람들은 만수보다는 칠수에게 더 호감을 느낄 것입니다. 처음 제시된 특징이 판단의 중요한 잣대가 되기 때문입니다. 똑똑한 칠수는 고집스러운 만수보다 당연히 괜찮은 사람으로 보일 것입니다. 첫 번째 특징은 나중에 나오는 특징들의 의미를 바꿔 놓기까지 합니다. 칠수처럼 똑똑한 사람이 고집스러운 것은 신념이 뚜렷한 것으로 정당화되고 심지어 존경심을 불러일으키기도 합니다. 반면 만수처럼 질투심이 많고 고집 센 사람이 똑똑하다면 더 위험하게 느껴지게 마련입니다.

우리가 사람을 판단할 때도 첫인상은 다른 정보를 대부분 무의미하게 할 수도 있습니다. 이처럼 누군가 처음에 좋으면 다 좋아지는 경향을 후광 효과(halo effect)라고 부릅니다. 예를 들어 오바마 대통령의 연설하는 모습과 목소리에 반했다면 그의 정치 철학까지 좋아하게 될지도 모릅니다. 한류 드라마 〈대장금〉의 주인공인 장금에게

서 큰 감동을 받았다면 장금을 연기한 이영애가 현실에서도 그런 모습일 것으로 여기는 경우도 많습니다. 이와 반대로 첫인상이 싫으면 다른 모든 게 싫어지는 것도 후광 효과에서 비롯됩니다. 이렇듯 시스템 1이 창조하는 세상은 실제 세계보다 단순하면서도 정합적이 되는 이유가 바로 후광 효과에 있습니다.

후광 효과는 초두 효과(primacy effect)라고도 부릅니다. 처음 접한 정보가 나중에 접하는 정보의 전체적인 인상을 형성하는 데 강력한 영향을 미칩니다. 초두 효과와 비슷한 현상으로 맥락 효과(context effect)도 있습니다. 이를테면 예쁜 아이가 공부를 잘하면 금상첨화이고 안 예쁜 아이가 공부를 잘하면 지독하다고 여기는 게 맥락 효과입니다. 처음 제시된 정보(예쁜가 안 예쁜가)가 나중 정보(공부를 잘한다)에 대한 처리 지침을 만들어 앞뒤가 들어맞는(정합성 있는) 맥락을 형성하는 것입니다. 시스템 1은 이런 정합적인 이야기를 만들어 내는 데 익숙합니다.

시험을 볼 때 정답이 전혀 안 떠오르는 문제도 있습니다. 이럴 때 사람들은 인지적 편안함(cognitive ease)에 의존해 답을 추측하게 마련입니다. 인지적 편안함은 낯익다는 인상을 주고 낯익음은 호감을 느끼게 합니다. 따라서 단어나 예문이 낯익으면 정답일 가능성이 있다고 생각하고, 생소하면 정답이 아닐 것 같은 느낌이 강해집니다. 낯익다는 인상은 시스템 1에서 나오고, 시스템 2는 옳고 그름을 판단하기 위한 인상에 의존합니다. 반복되는 경험, 깔끔한 상태, 좋은 분위기, 자연스레 연상되는 생각 등에서 편안함을 느끼게 해 쉽고, 익

> **정합적**
> 모순이 없고 가지런히 꼭 맞는다는 의미입니다.

숙하고, 진실이라고 여기게 만들어 주는 것입니다.

하지만 인지적 편안함에 따라 판단했다면 착각은 종종 필연적으로 따라옵니다. 시스템 1은 정보 처리에 도움이 되는 인지적 편안함을 만들어 주지만 신뢰할 수 없는 정보일 때 경고 신호를 보내는 것은 아닙니다. 머릿속 연상 기계가 부드럽고 쉽게 돌아갈수록 한번 생긴 믿음은 쉽게 바뀌지 않습니다.

설사 그 믿음이 편향되고 어긋난 것이라 해도 마찬가지입니다. 오히려 믿음이 더욱 견고해지기도 합니다. 사랑에 빠지면 눈에 콩깍지가 씌어 상대방의 웬만한 허물은 잘 보이지 않는 것과 같습니다. 사이비 종교에 빠져들면 어떤 반대 증거를 들이대도 좀체 헤어나지 못하는 것도 비슷한 이유입니다. 낯익음은 진실과 쉽게 구분되지 않는 특성이 있습니다.

인지적 편안함의 반대 현상은 인지적 긴장감(cognitive strain)입니다. 지저분한 글씨, 희미한 인쇄, 복잡한 문장을 보면 인상이 찌푸려지고 불편해집니다. 인지적 긴장 상태가 되면 경계심과 의심이 많아집니다. 대신 잘못 판단할 가능성은 낮아집니다. 하지만 평소보다 덜 직관적이고 덜 창의적으로 변하게 됩니다. 인지적 긴장감이 시스템 2를 활성화시켜 시스템 1이 제안한 직관적인 답변을 다시 생각하게 만들기 때문입니다. 따라서 창의성을 극대화하려면 인지적으로 편안한 상태를 유지하는 게 좋습니다.

사람들에게 거짓말을 믿게 만드는 가장 좋은 방법은 그 거짓말을 정기적으로 반복하는 것입니다. 낯익음은 인지적 편안함을 주며 진

실과 쉽게 구분되지 않는 속성이 있기 때문이지요. 심리학자 로버트 자이온스가 제시한 단순 노출 효과(mere exposure effect)가 바로 그것 입니다.

자이온스는 반복이 호감에 미치는 효과는 모든 동물로 확대되는 중요한 생물학적 사실이라고 강조했습니다. 생명체가 위험이 가득한 세상에서 생존하기 위해 새로운 자극에는 두려움을 느끼거나 피하고 익숙한 자극이면 경계심을 늦추면서 진화해 왔기 때문입니다. 낯익음은 호감을 낳기에 기업들은 비싼 광고비를 들여 가며 줄기차게 광고를 합니다. 호감이 가는 이성이 있을 때 매일 아침 출근(통학)길에 우연을 가장해 마주치는 것도 단순 노출 효과를 기대한 것입니다.

가석방 전담 판사들의 불편한 진실

시스템 1은 일상의 사건 처리가 매우 뛰어나고 낯익은 상황에 대한 반응이나 단기적 예측도 대부분 정확합니다. 민첩하고 시의적절하다고 할 수 있습니다. 하지만 시스템 1은 특정한 상황에서 자주 오류를 범하는데 이것이 바로 편향(bias)입니다. 편향에 대해선 다음 수업에서 상세히 설명하겠습니다.

시스템 1은 자동적으로 반응하는 것이기에 스스로 작동을 멈출수 없습니다. 뒤에서 누군가 큰 소리로 부르면 자연스레 고개를 돌리게 됩니다. 영화관에서 외국 영화를 볼 때 자막에 모국어가 나오면 글자를 안 보려고 해도 그냥 눈에 들어옵니다. 이런 시스템 1에서 기인하는 편향과 오류를 막으려면 자신이 인지적 지뢰밭에 있다는 신호를 인식하고 속도를 줄이고, 시스템 2에 더 많은 도움을 요청해야 합니다.

하지만 시스템 2는 시스템 1과는 성격이 확연하게 다릅니다. 결정적인 특징은 노력해야만 작동된다는 것입니다. 시스템 2는 한마디로 게으릅니다. 필요 이상으로 노력하기를 기피하는 것이 시스템 2라는 말입니다. 시스템 2의 활동은 보통 편안한 산책의 속도이지만 가끔은 조깅, 드물게는 전력 질주 상태가 되기도 한다고 합니다. 예컨대 369게임을 할 때 낮은 숫자에서는 3 또는 3의 배수가 나올 때에 맞춰 손뼉을 치는 것이 그리 어렵지 않습니다. 그러나 숫자가 세 자릿수를 넘어가면 손뼉을 쳐야 할 때를 가려내기가 여간 어려운 게 아닙니다. 시스템 2는 오래 작동할수록 힘이 들고 더 큰 노력이 필요합니다.

어떤 건물로 들어가는 길목에 잔디밭이 있으면 사람들은 들어가지 말라는 푯말이 있어도 하나둘씩 잔디밭을 가로질러 갑니다. 그렇게 어느 정도 시일이 지나면 잔디밭에는 마치 오솔길 같은 지름길이 생겨납니다. 이렇듯 목표를 성취하는 방법이 여러 가지 있을 때 사람들이 가장 힘들이지 않는 방법을 선호하는 현상을 최소 노력의 법칙(law of least effort)이라고 합니다. 행동이든 생각이든 지름길을 찾는 게 보통입니다. 노력은 비용으로 간주되기에 게으름, 즉 노력을 줄이려는 의도는 사람의 본성이라고 해도 과언이 아닙니다. 최소 노력의 법칙은 신체적 노력과 두뇌의 인지적 노력에 모두 적용됩니다.

사람이 의지나 자제력을 유지한다는 것은 여간 피곤하고 힘든 일이 아닙니다. 억지로 뭔가를 하도록(예컨대 밤새워 공부하기, 하루 종일 어려운 책 읽기 등) 자신을 독려해야 한다면 다음 도전이 닥칠 때 자제력이 약해지거나 아예 피하려 할 것입니다. 이런 현상을 독일 심리학자 바우마이스터는 자아 고갈(ego depletion)이라고 명명했습니다. 의지를 사용하는 데 정신적 비용이 든다는 것입니다. 의지나 자제력을 계속 유지하다 보면 피곤해지는 것은 당연한 일이겠죠. 감정적이든 신체적이든 인지적이든 상관없이 모든 자발적 노력은 어느 정도 정신적 에너지에 의존하기 때문입니다. 자아 고갈은 요즘 유행어인 이른바 '멘붕(멘탈 붕괴)' 상태로 이해해도 됩니다.

바우마이스터는 여덟 시간 동안 아무것도 먹지 않은 참가자들을 반으로 나눠 실험했습니다. 한 그룹에는 잘 구워진 초코쿠키를, 다른 그룹에는 무를 준 뒤 수학 문제를 풀게 했습니다. 그랬더니 쿠키를 먹은 그룹이 무를 먹은 그룹보다 점수가 훨씬 높았습니다. 바우마이스터는 노력이 필요한 정신 활동이 특히 포도당 소비를 늘린다는 사실을 발견했습니다. 공부가 잘 안 될 때 오렌지 주스나 레모네이드 한 잔이 도움이 되는 것도 이런 이유입니다.

자아 고갈은 중요한 판단에까지 영향을 미칩니다. 내가 살던 이스라엘에서 가석방 전담 판사 여덟 명의 판결 내용을 살펴본 적이 있습니다. 판사들이 죄수들의 가석방 신청을 허용해 준 승인율은 평균 35퍼센트였습니다. 그런데 판사들의 승인율에는 시간대별로 큰 차이가 있다는 놀라운 사실을 발견했습니다. 판사들은 식사 직후에 가석방 승인율이 65퍼센트로 크게 높아진 반면, 다음 식사의 두 시간 전부터 승인율이 점차 떨어져 식사 직전에는 거의 0퍼센트가 된 것이었습니다. 결국 판사들도 배고프고 피곤하면 가석방 신청을 쉽게 거부한다는 불편한 진실이 확인됐습니다.

"감정이라는 꼬리가 합리적인 개의 몸통을 흔든다"는 심리학자 조너선 하이트의 얘기는 전혀 틀린 말이 아닙니다. 문제는 개의 머리와

가석방
형기가 다 끝나지 않은 죄수를 일정한 조건하에 미리 풀어 주는 일입니다.

꼬리가 정반대 방향을 향하고 있다는 것이죠. 머리로는 분명히 인식하고 인정하는데 몸과 마음으로는 못 받아들이는 경우가 많습니다. 심지어 논리적이고 체계적인 훈련을 받은 전문가 그룹인 판사들조차 판단이 일관되지 못할 정도이니까요. 그렇다면 여러분이 형편없는 성적표를 받았다면 부모님께 언제 보여 드려야 할지 잘 아시겠죠?

플로리다 효과

미국의 심리학자이자 뉴욕 대학교 교수인 존 바그는 사람의 뇌가 주어진 환경에서 어떤 착각을 일으키는지에 관해 다양한 실험을 했습니다. 바그는 학생들을 두 그룹으로 나눠 A 그룹에는 일정 시간 동안 노인을 연상시키는 단어들을 보여 주고 B 그룹에는 젊음과 관련된 단어들을 보게 했습니다. 이를테면 A 그룹은 플로리다, 건망증, 대머리, 회색, 주름 등의 단어를 봤습니다. 학생들의 나이는 18~22세로 아주 젊었습니다.

바그는 그런 다음 학생들이 이동하는 모습을 관찰했더니 A 그룹 학생들이 B 그룹보다 훨씬 천천히 걷는 것을 발견했습니다. 이처럼 생각이 행동에 영향을 미치는 현상을 플로리다 효과(Florida effect)라고 부릅니다. 미국 플로리다 주는 따뜻하고 맑은 날이 많아 은퇴한 노인들이 많이 사는 곳으로 유명합니다. 노인에 연관된 단어를 본 학생은 자기도 모르게 영향을 받아 노인처럼 걷는 속도가 느려진 것입니다. 이처럼 사람들은 무의식적으로 보고 듣는 것들에 의해 행동이 영향을 받는 경향이 있습니다.

플로리다 효과는 역으로도 작용합니다. 다른 대학에서 바그의 실험을 거꾸로 해 보았습니다. 학생들로 하여금 그들의 평소 걸음걸이의 3분의 1 수준인 1분당 30보씩의 속도로 5분간 방 안을 돌아다니게 했습니다. 이런 짧은 경험 뒤에 학생들은 노인과 관련된 단어들을 인식하는 속도가 훨씬 빨라졌습니다.

바그의 실험 중에는 '따뜻한 커피 효과'도 있습니다. 입사 면접관 10명 중 5명에게는 따뜻한 커피를 주고 다른 5명에게는 찬 콜라를 줬습니다. 입사 지원자, 면접 질문 등 다른 조건은 동일한 상태에서 면접관들의 평가 결과를 비교해 봤더니 큰 차이가 있었습니다. 따뜻한 커피를 마신 면접관들은 합격이 많았던 반면, 찬 콜라를 마신 경우엔 불합격이 훨씬 많았던 것입니다. 이렇듯 사람들의 연상 체계는 앞뒤 맥락에 크게 좌우됩니다.

여기는 착각의 퀴즈 쇼가 열리는 현장입니다! 첫 번째 문제입니다. 모두 '신데렐라'를 열 번씩 외쳐 주세요!

신데렐라, 신데렐라, 신데렐라, 신데렐라, 신데렐라….

자, 그럼 여기서 문제 드립니다. 「신데렐라」에 나오는 난쟁이는 모두 몇 명일까요?

일곱 명입니다!

아, 아쉽습니다. 「신데렐라」에는 난쟁이가 나오지 않죠. 일곱 난쟁이는 「백설공주」에 등장합니다.

찬찬히 생각해 보면 누구나 알 수 있는 문제인데 사람들은 쉽게 오답을 말하죠. 이렇게 생각의 착각이 일으키는 오류를 편향이라고 부릅니다.

편리한 오류의 공장:
휴 리 스 틱

일상생활에서 불확실한 상황에 직면한 사람이 어림짐작
으로 빠르게 판단하는 방법을 휴리스틱이라고 합니다.
이러한 휴리스틱에는 어떤 함정이 있을까요? 재미있는
이야기를 통해 다양한 휴리스틱의 사례를 배워 봅시다.

휴리스틱과 알고리즘

안경을 쓰고 단정한 신사복 차림에 호리호리한 남자가 버스에 탔습니다. 그의 직업은 샐러리맨일까요 스턴트맨일까요? 그를 스턴트맨으로 여길 사람은 아마 없을 것입니다. 안경, 신사복 등은 샐러리맨의 전형적인 모습으로 여길 만하니까요. 대개는 그런 짐작이 맞습니다. 실제로 스턴트맨보다는 샐러리맨 숫자가 몇천 배, 몇만 배 더 많을 테니까요.

하지만 꼭 그럴까요? 스턴트맨도 안경을 쓰고 단정한 신사복에 호리호리해 보일 수도 있습니다. 스턴트맨이라고 모두 우락부락한 것은 아닐 테니까요. '척 보면 안다'는 식의 어림짐작(직관)에 의한 신속한 판단은 보통은 편리하지만 가끔 틀릴 때가 있습니다.

우리는 첫 강의에서 사람의 사고 체계에는 직관에 따라 빠르게 생각하는 감성의 영역인 시스템 1과, 차분하게 생각해 깨닫는 이성의 영역인 시스템 2가 있다는 것을 공부했습니다. 뚜렷한 실마리가 있고 시간이 충분하다면 시스템 2가 작동하겠지만, 그렇지 못할 때는 처음 봤을 때의 느낌대로 곧바로 판단하게 마련입니다. 이처럼 불확실한 상황 속에서 빠르게 판단해야 할 필요가 있을 때 어림짐작으로 판단하는 방법을 휴리스틱(heuristic)이라고 부릅니다.

휴리스틱은 원래 수학 용어입니다. '발견하다, 찾아내다'라는 뜻의 그리스 어에서 유래했습니다. 사실 휴리스틱은 우리말로 번역하기가 쉽지 않습니다. 굳이 번역하자면 문제 해결을 위한 주먹구구법, 어림짐작법, 간편법, 쉬운 발견법, 즉흥적 추론 정도가 됩니다. 〈디아블로〉, 〈스타크래프트〉 같은 온라인 게임도 사람들이 흔히 활용하는 휴리스틱을 염두에 두고 설계한다고 합니다. 특정 상황에 사람들이 휴리스틱을 이용해 어떤 행동을 보일 것인지를 미리 계산해 사람들의 기대와는 판이한 상황을 설계하는 것입니다. 그렇게 함으로써 게이머들의 예측 가능성을 최소화하는 것이죠. 다음에 어떤 상황일지 뻔하면 게임이 재미없을 테니까요.

휴리스틱의 반대는 알고리즘(algorism)입니다. 알고리즘은 논리적으로 풀어 나가면 정확한 해답을 얻을 수 있다는 개념입니다. 정교한 컴퓨터 프로그램처럼 체계화된 프로세스가 알고리즘이라면, 휴리스틱은 빠르고 직관적인 판단법입니다. 알베르트 아인슈타인은 1921년 노벨 물리학상 수상 논문에서 휴리스틱이란 용어를 '불완전하지만 도움이 되는 방법'이란 의미로 사용했습니다. 적절한 표현인 것 같습니다.

직관에 의존해 빠르게 판단하는 휴리스틱은 인간이 오랜 원시생활에서 체득한 본능적인 반응이라고 할 수 있습니다. 인류가 출현한지 30만 년쯤 됩니다. 인류는 약 1만 년 전 신석기 농업 혁명이 일어나기 전까지 29만 년 이상을 수렵, 채집 등으로 살아왔습니다. 늘 예기치 못한 맹수, 잔인한 적, 천재지변 등의 위협에 노출됐습니다. 만약 날카로운 이빨을 가진 네발짐승이 눈앞에 나타난다면 어떻게 해야 할까요? 시스템 2를 이용해 그 짐승이 무엇이고 어떤 능력을 가졌는지 심사숙고할 틈이 있을까요? 무조건 도망치는 게 상책입니다. 인간이 온갖 위협 속에서 살아남기 위해 활성화된 직관 능력이 유전자에 각인돼 대대로 내려온 것이 휴리스틱입니다.

민족의 오랜 지혜가 누적돼 형성된 속담과 격언은 그야말로 휴리스틱의 보고라 할 수 있습니다. 정확히 증명된 이론은 아니지만 살아가는 데 큰 도움이 되기 때문입니다. 백짓장도 맞들면 낫다는 속담이 있습니다. 이 속담은 실제 물리 현상을 정확히 묘사한 것은 아니지만 실생활에 충분히 유용한 협동이라는 개념을 쉽게 연상시킵니다.

우리가 판단하고 선택할 때마다 중요한 정보를 모두 확인할 수는 없습니다. 경험과 상식에 근거한 즉흥적 추론을 이용합니다. 예컨대 안경을 쓰고 단정한 신사복 차림이면 샐러리맨이라고 보는 게 하나도 이상할 게 없습니다. 평소 이런 휴리스틱은 대개 정확하고 편리합니다.

휴리스틱은 직관에 의존한 빠른 판단이기에 함정이 있습니다. 눈에 보이는 게 전부가 아닐 수도 있다는 뜻에서의 함정입니다. 만약 찬찬히 판단할 시간이 충분하다면 시스템 2를 가동해 눈으로 본 것을 검증(피드백)할 수도 있지만 그러지 못할 경우엔 휴리스틱이 오류를 낳는 공장이 될 수도 있는 것입니다.

나는 트버스키와 함께 휴리스틱을 체계적으로 연구해 1974년 「불확실성하에서의 판단: 휴리스틱과 편향」이란 논문을 발표했습니다. 오늘날 행동 경제학을 탄생시킨 고전으로 일컬어지는 논문입니다. 편향은 휴리스틱이 빚어낸 결과 또는 오류를 지칭합니다.

행동 경제학
주류 경제학의 문제점과 모순을 해결하기 위해 대니얼 카너먼이 창시한 학문입니다. 주류 경제학의 이상적인 이론과 가정을 거부하고 경제학과 심리학을 결합해 현실성을 추구합니다.

우리가 제시한 휴리스틱은 세 가지입니다. 대표성(representativeness) 휴리스틱, 가용성(availability) 휴리스틱, 기준점과 조정(anchoring and adjustment) 휴리스틱입니다. 용어가 낯선가요? 하지만 다양한 사례를 통해 찬찬히 살펴보면 그리 어렵지 않습니다. 바로 우리가 자신도 모르게 실생활에서 수없이 사용하고 있는 빠른 판단법이니까요.

척 보면 안다고?

먼저 대표성 휴리스틱이란 어떤 대상이 특정 그룹의 전형적인 속성(대표성)을 드러내는 정도에 따라 그 그룹에 속할 확률을 높게 보는 어림짐작법입니다. 가장 흔한 사례가 사람의 직업을 '척 보면 안다' 고 여기는 것입니다. 앞서 예로 든 안경을 쓰고 단정한 신사복 차림에 호리호리한 남자를 떠올려 봅시다. 이런 남자라면 샐러리맨 그룹의 특징을 잘 드러냅니다. 즉, 대표성이 강한 것입니다. 이럴 때 대표성 휴리스틱은 유용하고 경제적인 짐작 기술이 됩니다. 고정 관념이란 것도 대표성 휴리스틱의 일종으로 볼 수 있습니다.

하지만 그런 짐작 기술이 틀릴 때도 많습니다. 사람들이 확률에 대해 잘못된 판단을 내리는 것도 경험, 상식, 어림짐작으로 형성된 대표성(또는 고정 관념)에 근거해 빠르게 판단해 버리는 대표성 휴리스틱에서 비롯됩니다. 이런 현상에 관해 나와 트버스키가 실시한 실험이 바로 린다 문제(Linda problem)입니다. 우리는 휴리스틱과 논리가 어떻게 충돌하는지에 대한 증거를 제시하기 위해 린다 문제를 고안했습니다. 가상의 여성인 린다가 지금은 아예 행동 경제학 용어로 쓰입니다. 린다의 프로필은 이렇습니다.

린다는 31세의 미혼 여성이다. 직설적인 화법을 구사하고 매우 똑똑하다. 대학에서 철학을 전공했다. 대학 시절 남녀 차별과 사회 정의 문제에 관심이 많았고 반핵 데모에도 참가했다. 다음 중 어떤 것이 현재의 린다일 가능성이 높을까?
① 린다는 은행 창구 직원이다.
② 린다는 은행 창구 직원이면서 여성 운동가다.

실험에 참가한 대학생들의 85~90퍼센트가 ②를 골랐습니다. 프로필을 보고 이미 린다가 여성 운동가라고 단정한 뒤 여성 운동가이면서 은행 창구 직원일 것이라는 결론을 도출한 것입니다. 그러나 ②는 ①의 부분 집합입니다. 여성 운동가이면서 은행 창구 직원인 경우보다는 그냥 창구 직원이 훨씬 많다고 봐야 논리적으로 맞습니다. 여성 운동가가 아닌 창구 직원도 많을 테니까요. 하지만 대다수 학생들은 확률의 논리성보다는 정보의 구체성(여성 운동가)에 이끌려 ②가 더 그럴듯하다고 판단한 것입니다.

일반 확률(은행 창구 직원)이 특수 확률(은행 창구 직원인 동시에 여성 운동가)보다 크다는 것은 확률 법칙의 기본입니다. 그런데 확률 법칙에 어긋나게 특수 확률을 일반 확률보다 높다고 보는 것을 결합 오류(conjunction fallacy)라고 부릅니다. 결합 오류는 사람들이 대표성에 근거해 어림짐작으로 판단할 때 생기는 오류입니다.

이와 관련해 행동 경제학자 존 리스트는 야구 카드 시장에서 실시한 실험에서 흥미로운 결과를 발견했습니다. 메이저 리그 유명 야구팀이나 스타들의 사진이 들어간 야구 카드는 한국에서는 생소하겠지만, 미국에서는 나온 지 오래된 카드일수록 비싸게 거래되므로 수집 가치가 있습니다. 리스트는 10장의 비싼 야구 카드 세트와, 이 세트에다 3장의 중저가 야구 카드를 더한 13장짜리 세트를 입찰에 붙였습니다. 두 가지 세트를 동시에 평가(공동 평가)할 때는 다들 13장짜리 세트의 가치를 비싸게 매겼습니다. 그러나 13장짜리 세트와 10장짜리 세트를

입찰
상품의 구입을 원하는 희망자들에게 각자의 낙찰 희망 가격을 제출하게 하는 일입니다.

각각 따로 입찰(단독 평가)할 때는 반대로 10장짜리 세트를 13장짜리 세트보다 더 가치가 높은 것으로 평가했습니다. 왜 그랬을까요?

공동 평가에선 카드 세트의 가치를 총계로만 비교했습니다. 당연히 10장보다는 10장에다 덤으로 3장이 추가된 13장의 가치가 높겠죠. 그러나 단독 평가에서는 사람들이 카드 세트의 가치를 총계가 아닌 카드 한 장당 가치(평균)로 판단하는 경향을 보인 것입니다. 중저가 카드 3장이 섞인 13장짜리 세트의 한 장당 가치가 10장짜리 세트의 한 장당 가치보다 낮게 매겨진 것입니다. 이런 결과 패턴을 '적은 게 더 가치 있다(less is more)'라고 문장식 용어로 부릅니다. 린다 문제에서 은행 창구 직원이라는 일반 확률이 창구 직원인 동시에 여성 운동가라는 특수 확률보다 낮게 평가된 것도 적은 게 더 가치 있다는 심리 현상과 같은 맥락입니다.

대표성 휴리스틱에서 생기는 또 다른 편향이 기저율(base rate)의 무시입니다. 사전(事前) 확률이라고도 부르는 기저율은 기본적인 확률을 가리킵니다. 예컨대 남녀 비율, 서울 인구, 변호사 수 같은 것들입니다. 한 초등학교에서 겨울 방학 동안 감기에 걸린 사람을 조사했더니 99퍼센트가 12세 이하 어린이였습니다. 이때 어린이는 감기에 걸리기 쉽다고 보는 것이 타당할까요? 이것이 바로 기저율을 무시한 사례입니다. 초등학교에는 어린이밖에 없으니 하나 마나 한 이야기가 되겠죠.

치명적인 병에 걸릴 확률은 극히 낮지만 사람들이 직감적으로 느끼는 위험성은 이보다 훨씬 높습니다. 발병률이 0.01퍼센트이고 발병했을 때의 사망률이 50퍼센트인 질병이 있다고 가정해 봅시다. 이 질병은 100만 명 중 100명이 걸리고 이 중 50명이 사망한다는 이야기입니다. 하지만 대부분 사람들은 0.01퍼센트라는 발병률(기저율)은 무시한 채 병에 걸리면 둘 중 하나는 죽는다는 사망률(특수 확률)에 더욱 주목하는 경향이 있습니다. 예컨대 광우병의 발병률은 거의 제로에 가깝지만 사람들은 발병률보다는 병에 걸렸을 때 '뇌 송송 구멍 탁' 같은 식으로 묘사되는 이례적인 증상에 더 크게 동요하는 것도 이런 이유에서입니다.

기저율의 무시에 관한 유명하고 흥미로운 이야기가 몬티 홀 딜레마(Monty Hall Dilemma)입니다. 지금 눈앞에 문이 세 개 있습니다. 이 중 하나의 문 뒤에는 값비싼 고급 승용차가 있고 나머지 두 개의 문에는 보통 자전거가 있습니다. 게임 참가자가 문을 하나 고르자, 사회자가 남은 두 개의 문 가운데 자전거가 있는 하나를 열어 보이며 제안합니다. "당신이 원하면 선택을 바꿔도 됩니다." 이때 게임 참가자는 선택을 바꿔야 할까요, 말아야 할까요?

이 문제는 미국에서 1960년대부터 40년간 인기를 모은 TV 쇼 〈거래해 봅시다(Let's Make a Deal)〉에 등장한 문제와 흡사했습니다. 그래서 이 TV 쇼의 진행자인 몬티 홀의 이름을 따 몬티 홀 딜레마 또는 몬티 홀 문제라고 부릅니다. TV 쇼에선 자전거 대신 염소가 있었습니다.

다시 문제로 돌아가 봅시다. 가능성은 세 가지가 있습니다.

① 남은 문이 두 개이니 확률은 50퍼센트이다(선택을 바꾸나 안 바

꾸나 확률은 같다).

② 선택을 바꾸는 게 승용차를 탈 확률이 높다.

③ 선택을 안 바꾸는 게 좋다.

대부분 사람들의 대답은 선택을 바꾸지 않는 것이었습니다. 하지만 이 수수께끼에 대해 독자의 질문을 받은 여류 칼럼니스트가 자신의 글을 통해 대뜸 선택을 바꾸라고 권했습니다. 그는 『퍼레이드』라는 잡지에 「마릴린에게 물어 보기」라는 인기 칼럼을 연재해 온 마릴린 보스 사반트였습니다. 사반트는 IQ가 228에 달해 세계에서 가장 머리 좋은 사람으로 『기네스북』에도 오른 인물입니다.

사반트의 글을 읽은 수많은 독자들의 항의 편지가 쏟아졌습니다. 그중에는 1500여 편의 논문을 쓴 폴 에르도슈 같은 저명한 수학자나 경제학자들도 들어 있었습니다. 항의 편지 내용은 대부분 확률 50퍼센트가 정답이며 사반트가 틀렸다는 것이었습니다. 다수의 의견처럼 문이 두 개 남았으니 확률 50퍼센트가 맞지 않을까요?

결론부터 말하면 확률 50퍼센트가 틀렸습니다. 선택을 바꾸면 당첨 확률이 3분의 2로 올라가지만, 안 바꾸면 3분의 1에 그치기 때문입니다. 이상하다고요? 알고 보면 어렵지 않습니다. A, B, C 등 세 개의 문 가운데 A를 골랐다면 고급 승용차를 받을 확률은 A가 3분의 1이고, B + C가 3분의 2이겠죠? 사회자가 B를 이미 열어 보였으니 남은 C의 확률은 3분의 2로 높아지겠지만 A의 확률은 여전히 3분의 1로 남습니다.

사반트가 들려준 설명을 보면 이해하기가 쉽습니다. "100만 개의 문이 있다고 상상해 보세요. 당신이 1번 문을 선택했는데, 문 뒤에 무엇이 있는지 아는 사회자가 777번 문을 제외한 나머지 문을 모두 열어 보였다고 해 봅시다. 그렇다면 당신은 재빨리 777번 문으로 옮겨 가겠지요?"

이렇듯 인간은 확률을 정확히 파악하게끔 진화하지 못했습니다. 대개 사람들은 당첨 확률에 관한 사전 정보(3분의 1)가 있는 상태에서 새로운 정보(하나의 문을 확인)가 주어졌을 때 애초의 당첨 확률을 무시하거나 잊어버리는 경향이 있습니다. 인지 능력의 결함이자, 눈으로 보는 직관과 진실 사이에는 괴리가 있다는 이야기입니다.

오류의 원천은 소수의 법칙

대표성 휴리스틱을 사용할 때 사람들이 흔히 빠지는 함정 중의 하나가 도박사의 오류(fallacy of gambler)입니다. 도박사의 오류는 우연한 결과가 정해진 법칙을 따를 것이라고 믿는 잘못된 직관을 뜻합니다. 동전을 던졌을 때 앞면과 뒷면이 나올 확률은 각각 50퍼센트입니다. 이는 동전을 적어도 1,000번, 1만 번쯤 던졌을 때 50퍼센트에 수렴한다는 뜻입니다. 고작 열 번을 던졌을 때 반드시 앞면 다섯 번, 뒷면 다섯 번 나온다는 뜻은 결코 아닙니다.

매번 동전을 던질 때 앞면이 나올지 뒷면이 나올지는 그야말로 우연한 결과일 뿐입니다. 동전을 던지는 각각의 행위 사이에는 아무런 연관이 없습니다. 이전에 앞면이 나왔는지 뒷면이 나왔는지를 동전이 기억할 리도 없습니다. 그런데도 사람들은 앞서 열 번 중 아홉 번 앞면이 나왔다면 확률 50퍼센트라는 정해진 법칙에 위배되기에 다음엔 뒷면이 나올 것으로 확신하는 게 보통입니다. 각각의 동전 던지기 시도가 전체 확률의 대표성을 갖는다고 착각하는 것입니다.

도박사의 오류를 설명할 때 반드시 따라붙는 것이 대수(큰 수)의 법칙(law of great numbers)과 소수(작은 수)의 법칙(law of small numbers)입니다. 확률 이론은 기본적으로 대수의 법칙에 기반하고 있습니다. 동전을 던질 때 앞면과 뒷면이 나올 확률은 똑같이 2분의 1이지만 매번 그럴 수는 없습니다. 수천 수만 번 던져야(즉 시도 횟수가 큰 수라야) 2분의 1 확률에 수렴해 간다는 것이지, 불과 열 번만 던져도(시도 횟수가 작은 수라도) 그런 결과가 나온다는 것은 절대 아닙니다. 앞면 대 뒷면이 7 대 3, 심지어 10 대 0이 될 수도 있습니다. 물론 5 대 5일 수도 있겠죠.

그럼에도 사람들은 앞면이 아홉 번 나왔으니 이번엔 반드시 뒷면일 것이라고 철석같이 믿습니다. 표본 크기가 소수여도 모집단의 성격(확률)을 대표한다고 여기는 오류가 소수의 법칙입니다. 도박사의 오류는 소수의 법칙을 신봉하는 데서 생기는 것입니다. 대수의 법칙과 관련해 출생아에 대한 실험이 있습니다.

한 도시에 큰 병원과 작은 병원이 있다. 큰 병원에

표본
큰 집단 속에서 일부를 뽑아내어 조사한 결과로 본집단의 성질을 추측할 수 있는 통계 자료입니다.

모집단
통계적인 관찰의 대상이 되는 집단 전체를 이릅니다. 이 안에서 조사를 위한 표본을 뽑아내게 되는 것이지요.

선 하루에 평균 45명이, 작은 병원에서는 15명이 태어난다. 남자 아기가 태어날 확률은 50퍼센트이지만, 어떤 날은 50퍼센트를 훨씬 넘고 어떤 날은 50퍼센트에 훨씬 못 미친다. 그렇다면 1년 동안 남자 아기가 60퍼센트 이상 태어난 날은 큰 병원과 작은 병원 중 어느 쪽이 많을까?

실험에 참가한 대학생 95명의 답은 큰 병원 21명, 작은 병원 21명이었고, 거의 같다는 응답은 53명이었습니다. 하지만 실제 관찰해 본 결과는 큰 병원이 27일, 작은 병원이 55일이었습니다. 표본이 큰 집단(큰 병원)이 본래 확률인 50퍼센트에 좀 더 가까운 결과를 얻었습니다. 기간을 10년, 20년으로 늘려 확인해 보면 큰 병원이 작은 병원보다 훨씬 더 50퍼센트에 가까이 수렴할 것입니다. 확률 법칙의 기본인 대수의 법칙에 의한 결과입니다.

통계학에서 평균으로의 회귀(regression to the mean)라고 부르는 현상도 마찬가지입니다. 아주 높거나 낮은 예외적인 현상이 있다면 그 다음에는 이보다는 평균에 가까운 값이 나타날 확률이 커지는 것을 말합니다. 한 번 좋았다고 매번 좋을 수 없고, 한 번 나빴다고 매번 나쁜 게 아니라는 이야기입니다. 평균으로의 회귀도 소수의 법칙으로 인해 발생한 오류의 하나입니다. 적은 수가 전체의 특성이나 확률을 대표한다는 잘못된 믿음에서 나온 것입니다.

통산 3할 5푼의 타율을 자랑하는 타격 천재 스즈키 이치로가 언제나 3할 5푼을 친 것은 아닙니다. 어떤 날은 4타수 4안타이지만 어

떤 날은 4타수 무안타인 적도 있습니다. 하지만 이치로가 한 시즌에 400회 정도 타석에 설 때 시즌 최종 타율이 평균(3할 5푼)에 수렴해 간다는 것입니다.

미국 NBA 프로 농구에서 선수가 연속해서 3~4차례 슛을 성공시 키면 핫 핸드(hot hand)라고 부르며 관심이 쏠립니다. 다른 동료들은 발동이 걸린 핫 핸드에게 더 자주 패스하고 상대 팀은 그에게 수비 를 집중하게 마련입니다. 하지만 수천 번의 슛을 분석한 결과 핫 핸드는 존재하지 않는 것으로 나타났습니다. 물론 선수들 간에 슛 성공률에는 차이가 있습니다. 하지만 한 선수의 슛 성공과 실패의 순서는 마치 동전 던지기처럼 무작위로 나타날 뿐입니다. 이런 사실을 농구 감독, 코치들은 잘 인정하려 하지 않습니다. 그들은 여전히 슛 성공과 실패라는 무작위 패턴에서 무언가 특수한 법칙을 찾으려 하기 때문입니다.

핫 핸드의 존재에 흥미를 느낀 일군의 학자들이 미국 프로 농구 NBA의 1980~1981년 시즌 필라델피아 세븐티식서스(76ers)의 성적을 분석했습니다. 한 선수가 슛을 성공시킨 이후 다음 슛을 성공시킬 확률은 얼마나 됐을까요? 평균 51퍼센트였습니다. 반면 슛을 실패한 후 다음 슛을 성공시킬 확률은? 평균 54퍼센트로 오히려 더 높았습니다. 평균으로의 회귀가 작용한 것입니다. 이쯤 되면 핫 핸드라는 선수의 슛 성공 확률이 동전 던지기나 주사위 던지기와 다를 바 없습니다. 농구계의 뜨거운 손은 실제로는 반대로 차가운 손이라고 불러야 마땅할 것 같습니다.

스포츠 일러스트레이티드 징크스(Sports Illustrated jinx)도 있습니다. 세계적인 스포츠 잡지인 『스포츠 일러스트레이티드』의 표지에 등장한 선수는 다음 시즌에 성적이 나빠진다는 것입니다. 표지에 나온 선수들은 과도한 자신감과 대중의 높은 기대치를 충족시켜야 한다는 압력 탓에 이런 징크스가 생긴다고 흔히들 생각합니다. 하지만 표지에 나온 선수들은 해당 시즌에 운 좋게 예외적으로 뛰어난 성적을 냈지만 다음 시즌에는 이보다 못해 평균 수준으로 돌아갔을 뿐입니다. 두 변수 사이에 인과 관계가 없는데 있는 것처럼 착각하게 만드는 변장한 인과 관계의 사례입니다.

이 밖에 프로 야구 해설자들이 흔히 2년 차 징크스(sophomore jinx)를 이야기합니다. 데뷔 첫해 성적이 좋았는데 자만심이나 게으름, 상대 투수들의 견제를 많이 받아 성적이 떨어진다는 것이죠. 물론 그런 이유도 있을 것입니다. 하지만 해마다 성적이 계속 좋아지기는 정말 힘든 일입니다. 선수들의 성적은 기복이 있게 마련이기에 2년 차에 성적이 나쁜 것은 평균으로의 회귀로 보는 게 타당합니다.

프로 골프 선수들이 대회 첫 라운드에 10언더파를 쳤다가 둘째 라운드에선 죽 쑤는 경우도 평균(평소 실력)에 수렴한 결과입니다. 아무리 골프 황제인 타이거 우즈라도 매 라운드마다 언더파 행진을 벌이는 것은 어렵습니다. 한 번 잘했으면 다음에 못할 수 있고, 못했으면 잘할 수 있는 현상인 평균으로의 회귀를 무시하고 이런저런 이유를 갖다 붙일 때 회귀 오류(regression fallacy)에 빠지게 됩니다.

기억은 확률도 조작한다

미국 할리우드에서 배우의 이혼은 매우 흔한 일입니다. 엘리자베스 테일러 같은 세기적인 배우는 무려 여덟 번의 결혼과 이혼을 거듭했을 정도입니다. 하지만 우리는 배우들의 이혼 빈도를 과장해서 상상할 가능성이 높습니다. 유명 배우의 이혼, 정치인의 뇌물 스캔들처럼 대중의 관심을 끄는 사건은 실제보다 더 자주 발생하는 것처럼 기억되기 때문입니다.

이처럼 특정 범주의 사례들이 기억 속에서 쉽게 검색될수록 그 확률을 과장해서 판단하는 경향을 가용성 휴리스틱 또는 가용성 편향이라고 합니다. 머릿속에 떠올리기 쉬운 정보(기억)를 토대로 쉽게 판단하는 경향입니다. 이때 가용성(可用性)은 문자 그대로 이용 가능성, 즉 얼마나 기억에서 인출하기 쉬운가를 뜻합니다. 구글의 검색 엔진이 이용자들이 많이 검색한 자료를 맨 앞에 보여 주는 것도 가용성 휴리스틱의 한 예라고 할 수 있습니다.

나와 트버스키가 가용성 휴리스틱을 입증하기 위해 행한 실험을 살펴봅시다. 소설 4쪽 분량(약 2,000단어)을 기준으로 던진 질문입니다.

① 7개 알파벳으로 된 단어 중 ing로 끝나는 것은 몇 개인가?
② 7개 알파벳으로 된 단어 중 여섯 번째가 n인 것은 몇 개인가?

응답자의 답은 ①에서는 평균 13.4개 ②에서는 평균 4.7개였습니다. ing로 끝나는 단어가 여섯 번째 알파벳이 n인 단어보다 세 배 많다고 본 것입니다. 예를 들어 running, evening 같은 단어를 생각하기 쉬워서일 것입니다. ①에 적합한 단어는 당연히 ②의 조건도 만족시킵니다. 하지만 ②에 해당되면서 ①의 조건을 만족하지 않는 예(payment, daylong 등)도 많습니다. 그러니 당연히 ②가 더 많아야 합니다. 이는 특수 확률을 일반 확률보다 높게 본 결합 오류에도 해당됩니다.

한 연구에서는 부부들에게 각자 집안일에 기여한 비율이 얼마나 된다고 생각하느냐는 질문을 던졌습니다. 쓰레기 버리기, 설거지, 빨래, 청소 같은 것들입니다. 남편과 부인이 제각기 평가한 사례별 기여도를 보면 합계가 대개 100퍼센트를 넘었습니다. 남편이든 아내든 자신의 노력과 기여도를 배우자가 한 일에 비해 훨씬 더 뚜렷하게 기억하고 있기 때문입니다. 이 역시 가용성 편향 때문입니다. 직장에서도 마찬가지입니다. 직장인들은 자신이 맡은 업무보다 더 많을 일을 했는데도 회사와 동료들이 충분히 인정해 주지 않는다고 여기는 게 보통입니다. 자신이 한 일을 동료가 한 일보다 훨씬 잘 기억하고 있어서입니다.

리처드 탈러는 미국에서 자살과 타살 중 어느 것이 많은지 실험 참가자들에게 물었습니다. 대다수 응답자가 타살이라고 답했습니다. 하지만 리처드 탈러가 1983년 실제 조사한 결과를 보면 타살 2만 400명, 자살 2만 7,300명으로 자살이 더 많았습니다. 이런 현상이 생기는 것은 끔찍한 살인 사건, 연쇄 살인범 등은 매스컴에 수시로 보도되는 반면 자살은 유명 인사가 아니고선 웬만해서는 보도되지 않기 때문입니다.

또한 비행기 추락에 따른 사망률은 사실 자동차보다 낮지만 사람들은 거꾸로 비행기가 훨씬 높다고 생각합니다. 비행기가 추락하면 대개 전원 사망하기에 항상 큰 뉴스로 보도하지만 자동차 사고는 사망자가 아주 많거나 특이한 경우가 아니면 보도하지 않기 때문입니

다. 더구나 비행기 추락 사고 현장의 끔찍한 장면을 본 사람일수록
가용성은 더욱 높아집니다. 사실 언론 보도는 그 자체가 새롭고 자
극적인 것에 편향돼 있어 대중의 관심사에 영향을 주는 동시에 거꾸
로 대중의 관심사로부터 영향을 받습니다. 언론이 기억 인출 가능성
(가용성)을 증폭시키는 셈입니다.

　어떤 사건을 쉽게 이미지화할 수 있다면 기억에서 끄집어내기도
쉬울 것입니다. 개인적 경험, 생생한 사례와 사진일수록 단순한 말

이나 통계보다 훨씬 잘 기억됩니다. 예컨대 미국에서 천식이 자연재해인 토네이도보다 20배나 더 많은 사망자를 내지만 사람들은 대개 토네이도로 인한 사망자가 더 많다고 여깁니다. 또 사고로 죽는 사람은 당뇨병에 걸려 죽는 사람의 4분의 1밖에 되지 않습니다. 그러나 사람들은 사고 사망 확률이 당뇨병 사망 확률보다 300배 이상 높은 것으로 판단했다는 연구 결과도 있습니다. 주위에 천식 환자, 당뇨 환자가 많더라도 토네이도가 휩쓸고 간 폐허 사진, 끔찍한 사고 영상 등을 접했다면 당연히 그렇게 여길 것입니다.

가용성 휴리스틱을 이용해 기억을 인출할 때 아무래도 가장 나중에 들은 이야기가 인상 깊게 남습니다. 최근에 일어난 일에 대한 기억이 판단에 영향을 미치는 것을 클라이맥스 효과(climax effect)라고 합니다. 반대로 처음 들은 이야기가 강하게 기억에 남은 경우는 초두 효과(primacy effect)입니다.

가용성 휴리스틱은 단순히 개인의 판단 오류로만 그치지 않습니다. 대중이 사망 확률을 혼동하기 쉬운 만큼 위험에 대한 반응도 편향적으로 나타나게 마련입니다. 이는 한정된 예산을 쪼개야 하는 각종 공공 정책의 우선순위를 부적절하고 변덕스럽게 뒤바꾸는 원인이 됩니다. 일군의 학자들은 언론의 소소한 위험 보도가 대중의 관심과 공포를 유발해 정부의 대규모 조치로 이어지는 일련의 연쇄 반응을 가용성 폭포(availability cascade)라고 명명했습니다. 폭포가 떨어지듯 한번 흘러가기 시작한 생각의 관성을 거스르기 어렵다는 뜻입니다. 가용성 폭포가 생기는 상황은 정치적으로도 중요해져 결국에는 정책 우선순위나 예산 배분까지 왜곡하게 만듭니다.

사회가 가용성 폭포에 빠져들면 어떤 사건으로 인해 과도하게 증폭된 대중의 공포심을 낮추려고 노력하는 과학자들의 의견은 주목받지 못합니다. 특히 위험이 과장됐다고 주장하면 무언가를 악의적으로 은폐하려는 것으로 의심받기 일쑤입니다. 에이즈, 에볼라, 사스(급성 호흡기 증후군), AI(조류 인플루엔자) 등 전염병이 번질 때마다 되풀이되는 현상입니다. 과학적인 설명은 거의 먹혀 들지 않고 공포만 확산됩니다.

은폐
덮어 감추거나 가리어 숨긴다는 말입니다.

알 카에다 같은 테러 집단은 가용성 폭포를 유발하는 기술이 탁월합니다. 잊을 만하면 한 건씩 엄청난 테러 행위로 세계를 공포에 떨게 만듭니다. 9·11 테러처럼 공포감을 극대화하는 테러 사건은 미국의 정부 조직, 이민 정책, 출입국 관리 등 수많은 정책을 바꾸게 하고 예산을 집중 투입하도록 만들었습니다.

처음 본 것을 못 잊어

다음 곱셈의 답이 얼마인지 5초 안에 답해 보세요.

① $8 \times 7 \times 6 \times 5 \times 4 \times 3 \times 2 \times 1$

② $1 \times 2 \times 3 \times 4 \times 5 \times 6 \times 7 \times 8$

나는 트버스키와 함께 고등학생들을 두 그룹으로 나눠 실험을 했습니다. 숫자가 나열된 순서만 달랐을 뿐 똑같은 곱셈 문제였는데 응답 결과는 큰 차이가 났습니다. ①의 답은 평균 2,250이었고 ②의 답은 평균 512이었습니다. 물론 정답은 4만 320입니다.

시간이 충분했다면 누구나 정답에 근접한 숫자를 생각해 낼 수 있었을 것입니다. 하지만 5초 안에 서둘러 풀려다 보니 학생들은 앞의 숫자 몇 개를 암산해 기준점을 정한 뒤 나머지 숫자를 어림짐작으로 조정해 답을 한 것입니다. 큰 숫자부터 곱한 그룹이 작은 숫자부터 곱한 학생들보다 네 배 큰 답을 써낸 것은 기준점 설정이 높았기 때문입니다.

이처럼 불확실한 상황에서 예측할 때 먼저 기준점[또는 닻(anchor)]을 설정하고 이어 조정을 통해 예측치를 내놓은 것을 기준점과 조정 휴리스틱 또는 기준점 휴리스틱이라고 합니다.

이와 관련해 우리는 행운의 수레바퀴(wheel of fortune)를 이용한 실험도 했습니다. 수레바퀴에 표시된 숫자는 0~100이었지만 화살표가 10과 65에서만 멈추도록 사전에 조작해 놓았습니다. 그리고 학생들 앞에서 수레바퀴를 돌린 뒤 바퀴가 멈춘 숫자(물론 10 또는 65)를 적도록 했습니다. 곧이어 두 가지 질문을 던졌습니다.

- UN 회원국 중 아프리카 국가들이 차지하는 비중은 여러분이 방금 쓴 숫자보다 클까 작을까?
- UN에서 아프리카 국가들이 차지하는 비중은 얼마나 될까?

사실 수레바퀴가 멈춰 보여 주는 숫자는 이 질문과 전혀 상관이 없습니다. 그런데도 학생들은 수레바퀴가 표시한 숫자를 무시하지 못했습니다. 숫자 10을 본 학생들의 평균 추정치는 25퍼센트였고, 숫자 65를 본 학생들은 평균 45퍼센트였습니다. 문제와 아무런 연관이 없는 숫자라도 판단에 영향을 끼친다는 사실을 알 수 있습니다 (실험 당시 실제 아프리카 국가의 비중은 32퍼센트였습니다).

기준점 휴리스틱을 이용할 때 생기는 이런 판단 오류나 편향을 닻 내림 효과(anchoring effect, 또는 기준점 효과)라고 명명했습니다. 닻을 내린 곳에 배가 머물듯 처음 입력된 정보가 마음속의 닻으로 작용해 다른 판단에도 계속 영향을 미친다는 의미입니다. 닻이 내려지면 배는 닻줄의 범위를 벗어나지 못합니다. 만약 '간디가 사망했을 때 나이가 114세 이상이었는가?'라고 질문을 받는다면 '간디가 사망했을 때 35세였는가?'라는 질문을 받을 때보다 간디의 사망 나이를 높게 추정하게 마련입니다.

닻 내림 효과는 일상생활에서도 흔히 발견됩니다. 정가, 권장 소비자가, 희망 소매 가격이 붙은 물건을 그보다 낮은 가격에 사면 싸게 샀다고 여기게 마련입니다. 따라서 같은 2만 원짜리 옷이라도 그냥 2만 원을 주고 사는 것보다 정가 4만 원이 붙어 있는데 50퍼센트 세일 가격에 샀을 때 훨씬 만족감을 느끼게 됩니다. 닻의 위치가 2만 원 대 4만 원으로 차이가 크기 때문입니다.

대형 마트에서는 종종 한정 판매 행사를 벌입니다. '1인당 10개 한정'이라는 구매 제한이 있는 날과 제한이 없는 날에 소비자들의

구매 행태가 달라집니다. 대개 구매 제한이 있는 날에 사람들은 더 많은 상품을 삽니다. 지금 안 사 놓으면 물건이 떨어질 것 같아 쌓아 놓더라도 얼른 사고 싶은 욕구를 자극합니다. 10개 한정이라는 숫자가 닻으로 작용한 것입니다. 홈쇼핑에서도 진행자가 마감 임박, 매진 임박이라고 언급하면 판매량이 더 늘어납니다. 소비자가 상품을 선택할 때는 자주 본 광고나 선호하는 브랜드도 휴리스틱으로 작용할 수 있습니다.

그 밖의 휴리스틱

위의 세 가지 휴리스틱보다는 덜 중요해도 일상에서 흔히 쓰이는 휴리스틱들도 있습니다. 옆의 그림을 볼까요. 오른쪽이 왼쪽보다 커 보입니다. 원근법으로 그려져 있기 때문입니다.

하지만 자로 재 보면 셋의 크기는 똑같다는 것을 알 수 있습니다. 이처럼 사람의 지각 시스템은 원근법으로 그린 그림을 평평한 종이 위가 아니라 3차원의 정면으로 해석합니다. 오른쪽이 더 멀리 떨어져 있으면서 커 보이는 이유입니다.

이런 착각이 발생하는 이유는 3차원 휴리스틱 때문입니다. 그림에는 3차원적 해석을 하게끔 만드는 단서들이 들어 있습니다. 인물 크기를 판단하는데 이런 단서들은 무시해야 하지만 사람의 지각은 그렇지 못합니다. 사람의 눈이 잘못 본 것이 아니라 지각 시스템이 착각에 빠지게 만드는 것입니다.

둘째, 기분 휴리스틱입니다. 다음 두 가지 질문을 주목해 봅시다.

'요즘 당신은 얼마나 행복한가?'

'지난달 여행 횟수는 얼마나 되는가?'

여행 횟수가 많은 사람은 행복할까요? 실험 결과 전혀 그렇지 않았습니다. 자신의 행복도를 평가하라는 질문을 받을 때 사람들이 먼저 떠올리는 것은 여행이 아닙니다. 두 대답의 상관관계는 0에 가깝습니다. 질문 순서를 반대로 바꿔 볼까요.

'지난달 여행 횟수는 얼마나 되는가?'

'요즘 당신은 얼마나 행복한가?'

이 경우에 전혀 다른 응답이 나옵니다. 여행 횟수와 행복도의 상관관계가 높아지는 것입니다. 질문 순서만 바꾸었는데 왜 결과가 다를까요? 여행의 즐거웠던 경험을 연상시키는 질문을 먼저 받으면 여행을 행복과 연관 짓는 감정 반응이 일어나기 때문입니다. 반면 여행 경험이 없는 사람이라면 못 가 본 아쉬움, 자신의 처지 등에 대한 생각부터 떠오를 것입니다. 먼저의 질문으로 생긴 감정이 일반적인 행복도를 평가하는 다음 질문에도 여전히 머릿속에 남아 영향을 미치는 것입니다.

사실 행복감은 누구나 쉽게 평가하기 어려운 것입니다. 상당한 사고를 요구합니다. 하지만 여행 횟수는 심사숙고할 필요가 없이 답할 수 있습니다. 여행의 기분이 일종의 휴리스틱으로 작용한 것입니다. 예컨대 부모님이 매우 기분 좋을 때를 골라 슬그머니 형편없는 성적표를 내미는 것도 기분 휴리스틱을 기대한 행동이 됩니다.

셋째, 감정 휴리스틱은 심리학자 폴 슬로빅이 제안한 것입니다. 사람들의 호불호(好不好)가 세상에 대한 믿음을 결정하게 만든다는 것입니다. 쉽게 말해 '좋은 게 좋은 거'라는 생각입니다.

예컨대 사람들의 정치적 선호는 그에 해당하는 정당의 공약에 대해 대체로 좋은 감정을 갖게 만들고 반대 정당에는 비호감을 갖게 만듭니다. 기존 건강 보험 정책이 마음에 드는 사람이면 건강 보험 혜택이 충분하다고 믿고, 이때 비용은 다른 대안에 비해 덜 부담스런 수준이라고 믿는 식입니다. 흔히 물건을 고를 때도 프리미엄, 최고급, 유기농 등의 표식이 있으면 더 좋은 감정을 갖게 되는 것도 감정 휴리스틱의 일종입니다.

이 밖에 독일 심리학자 게르트 기거렌처가 제시한 재인(再認) 휴리스틱(recognition heuristic)도 있습니다. 들어 본 적이 있는 대상일수록 더 가능성을 높게 평가하는 것입니다. 기거렌처는 휴리스틱에 의한 판단이나 결정이 오랜 시간의 노력 끝에 얻은 답보다 훌륭한 답을 이끌어 낸다고 주장했습니다. 재인 휴리스틱은 마음속에 쉽게 떠오르는 것, 즉 접근성이 큰 대상일수록 확률을 높게 보는 가용성 휴리스틱과도 통합니다.

기거렌처는 이런 주장을 뒷받침하기 위해 미국과 독일 학생들을 대상으로 미국의 두 도시 샌디에이고와 샌안토니오 중 어느 쪽이 인구가 많다고 보느냐는 질문을 던졌습니다. 독일 학생들 가운데 샌디에이고를 들어 본 적이 있는 학생은 78퍼센트, 샌안토니오를 들어 본 학생은 4퍼센트에 불과했습니다.

그런데 샌디에이고를 들어 본 독일 학생들의 정답률은 100퍼센트에 달한 반면 미국 학생들은 자국 도시인데도 정답률이 62퍼센트에 그쳤습니다.

독일 학생들은 한쪽은 들어 보고 다른 쪽은 전혀 모를 때 들어 본 도시의 인구가 많을 것이라고 판단했습니다. 그러나 미국 학생들은 두 도시를 모두 알고 있어 휴리스틱을 이용한 판단을 내리지 못했습니다.

　이런 심리 패턴은 유명 브랜드, 유명 기업일수록 시장 경쟁에서 유리한 결과를 가져오게 만듭니다. 1등 브랜드가 되려고 치열한 경쟁을 벌이는 이유도 여기에 있습니다.

척 보면 안다는 식의 사고는 대표적인 휴리스틱 중 하나입니다. 특정 그룹의 속성을 갖고 있는 개인에게 적용시키는 것이지요.

똑같은 가격의 제품이라도 애초에 비싼 가격이 붙어 있었던 물건을 고르는 것 역시 휴리스틱의 한 종류입니다. 비싼 제품을 싸게 샀다는 심리적 만족에 의한 것이지요. 이처럼 다양한 휴리스틱은 일상생활 속에서 흔히 일어납니다.

내가 본 게 세상의 전부: 과 신 과 편 향

어떤 일이 발생한 후에 '내가 그럴 줄 알았다'라고 말하는 사람들이 있습니다. 마치 자신이 미리 사건을 예견했던 것처럼 생각하는 것이지요. 하지만 전문가라 하더라도 예측보다 공식이 나은 경우가 많습니다. 과연 사람의 예측은 어디까지 정확한 걸까요?

내 그럴 줄 알았지

정보가 부족하면 머릿속 시스템 1은 서둘러 결론을 내리기 위한 기계로 작동합니다. 제한된 증거로 성급하게 결론을 짓는 것이 바로 직관적 사고의 특징이라고 할 수 있습니다. 그래서 나는 이런 특징을 WYSIATI라고 명명했습니다. 'What You See Is All There Is', 즉 '보이는 것이 세상의 전부'라는 뜻입니다. 내가 자주 사용하기에 WYSIATI는 하나의 심리학 용어가 됐습니다.

　WYSIATI는 과신(overconfidence)과 편향을 유발하는 원천입니다. 과신은 자신의 판단이나 선택이 실제보다 더 올바르고 타당하다고 확신하는 심리입니다. 자신이 하는 일의 성공 확률을 과대평가하는 것입니다. 편향은 휴리스틱을 사용했을 때 나타난 결과를 가리킵니다.

　WYSIATI에는 세 가지 규칙이 있습니다. 첫째, 과도한 자신감입니다. 사람들은 종종 판단을 내릴 때 중요한 역할을 하는 증거가 누락됐을 가능성을 생각하지 않습니다. 보이는 게 세상의 전부이기 때문입니다.

둘째, 똑같은 정보라도 제시하는 방법에 따라 다른 감정을 유발하는 프레이밍 효과(마지막 수업에서 상세히 설명)를 보입니다. 예컨대 '90퍼센트 무지방'이라고 표시된 돼지고기는 '지방 함유 10퍼센트'보다 훨씬 매력적으로 보입니다. 지방보다는 무지방으로 프레임을 짰을 때 긍정적으로 느껴지기 때문입니다.

셋째는 앞서 설명한 기저율의 무시입니다. 어떤 남자가 소심하고 부끄럼을 많이 탄다면 그의 직업을 농부보다는 도서관 사서로 생각하기 쉽습니다. 하지만 미국에서 농부의 숫자는 도서관 사서보다 20배나 많다는 통계적 사실(기저율)은 전혀 머릿속에 떠올리지 못합니다. 이 역시 눈앞에 보이는 게 전부라고 여기기 때문입니다.

사람의 머리로는 실제로 일어나지 않은 사건을 다루지 못합니다. 사람들은 대개 일어나지 않은 무수한 사건들보다는 실제 일어난 몇 가지 놀라운 사건에 전적으로 주목하게 마련입니다. 이것은 이해의 착각(illusion of understanding)입니다. 『블랙 스완』의 저자 나심 탈레브는 사람들이 조잡한 과거 이야기를 만들어 놓고 그것이 사실이라고 믿는 식으로 계속 자신을 기만하고 있다고 보았습니다. WYSIATI의 규칙에 따라 자신이 갖고 있는 제한적인 정보가 마치 전체 정보인 양 생각하고 행동할 수밖에 없습니다. 제한된 정보를 토대로 가장 개연성 있는 이야기를 만들어 내고 그것이 좋은 이야기라고 믿어 버

리는 식입니다. 사람은 아는 게 적을수록(그림 퍼즐에 비유하면 퍼즐 조각의 숫자가 적을수록) 오히려 앞뒤가 맞아떨어지는 더 그럴싸한(정합적인) 이야기를 만들어 낸다는 말입니다.

2008년 글로벌 금융 위기가 터졌을 때 수많은 전문가들이 뒤늦게 자신은 "위기가 터질 줄 알았다"고 주장했습니다. 심지어 한참 전부터 그것을 알고 있었다는 사람들도 많았습니다. 하지만 전문가들도 실제로는 금융 위기 발발을 제대로 알지는 못했습니다. 막연하게 그럴 수도 있다는 언급 정도는 했을 것입니다. 시종 비관론만 내세웠던 전문가라면 어쩌다 한 번은 맞춘 셈이 되겠죠. 마치 고장 나 멈춘 시계가 하루 두 번은 맞는 것처럼.

이처럼 결과를 보고 난 뒤 자신은 진작부터 이미 예견하고 있었다고 믿는 심리 현상을 사후 확신 편향(hindsight bias)이라고 합니다. 무언가 잘못된 일이 일어났을 때 '내 그럴 줄 알았다'고 반응하는 것입니다. 전혀 예측하지 못한 일인데도 결과를 알고 나면 마치 미리 예상했던 것처럼 믿고 자신의 과거 기억을 바꿔 버리는 오류입니다. hindsight는 우리말로 '나중에 생각해 낸 묘안'이란 뜻입니다. 만약 사고를 미리 예견했다면 foresight 즉 '예지, 선견지명'이 되었겠지만 유감스럽게도 그럴 확률은 거의 제로입니다.

한 심리학 실험에서는 참가자들에게 추리 소설가 애거서 크리스티가 평생 몇 권의 책을 썼는지 추정하게 했습니다. 참가자들의 평균 추정치는 51권이었습니다. 참가자들에게 정답(67권)을 알려 주고 다시 원래 예상한 권수를 말해 보라고 했더니 평균 63권으로 올랐습니다. 이처럼 결과를 알고 난 뒤에는 자신이 정답에 가까운 예측을 했다고 생각하는 경향이 훨씬 강해집니다. 즉, 나중에 알게 된 결과가 기억에 남아 자신이 사전에 예측한 것을 과대평가하거나 아예 기억 자체를 바꿔 버리는 것이 사후 확신 편향입니다.

언론의 보도 행태도 이런 사후 확신 편향에서 자유롭지 못합니다. 몇 해 전 한국에서는 각종 사건 사고가 연이어 터진 적이 있습니다. 가축 전염병인 구제역의 전국 확산, 외곽 순환 고속 도로 중동 IC 부근 불법 주차장에서 벌어진 유조차 화재와 이로 인한 교통 대란, 부산 해운대 초고층 주상 복합 건물의 화재 등이 한꺼번에 쏟아졌습니다. 이때 언론의 헤드라인은 거의 한결같이 '예고된 인재(人災)'라는 것이었습니다.

인재
사람에 의해 일어나는 재난을 천재지변에 의한 천재에 비유하여 이르는 말입니다.

물론 대형 사고의 이면에는 업자들의 무리한 욕심, 법규 위반, 관할 관청의 감독 소홀과 안이한 대응이 예외 없이 도사리고 있을 것입니다. 인재인 것은 맞습니다. 하지만 예고됐다는 표현은 어딘지 이상합니다. 그럼에도 언론들은 거의 예외 없이 사후에 안전 불감증을 지적하고 예고된 인재라고 보도합니다. 언론이 그런 문제들을 미리 알고 사고를 예견했다면 철저히 경고하고 미리 대비하도록 종용했어야 마땅합니다. 하지만 그런 경우는 거의 없습니다. 예견한 적도 없으면서 결과를 알고 나면 다들 미리 알았던 척하면서 자기 합리화를 꾀하는 것입니다.

사후 확신 편향은 의사 결정을 내려야 하는 사람들에 대한 평가를 인색하게 만듭니다. 결정 과정이 얼마나 합리적이고 타당했느냐가 아니라 결과의 좋고 나쁨에 따라 결정의 질을 평가하게 만들기 때문입니다. 위험하지 않은 수술인데 예상치 못한 사고로 환자가 죽은 의료 사고를 가정해 봅시다. 이런 의료 사고 소송 사건을 평결하는 판사는 대개 이렇게 말할 것입니다. "사실은 위험한 수술이었고, 의사는 수술을 좀 더 신중히 검토했어야 했다."

이처럼 과거 결정을 그 과정이 아닌 최종 결과로 판단하는 심리를 결과 편향(outcome bias)이라고 합니다. 사후 확신 편향과 한 쌍을 이루는 결과 편향은 주위에서 흔히 보게 됩니다. 야구의 3루 주루 코치, 의사, 최고경영자(CEO), 정치인, 외교관 등처럼 타인을 대신해 의사 결정을 내려야 하는 사람들은 사후 확신 편향이나 결과 편향으로 종종 실제보다 낮은 평가를 받습니다. 예컨대 3루 주루 코치가 주자에게 홈으로 뛰라고 열심히 팔을 돌렸는데 아웃됐다면 어떨까요? 관중들은 나쁜 결과(주자 아웃)가 3루 코치 탓이라고 두고두고 비난합니다. 다음에도 비슷한 상황이 벌어질 때는 3루 코치의 능력을 의심할 것입니다. 결과가 나쁘면 아무리 좋은 결정을 내렸을지라도 비난받고, 이후에는 성공적인 결정들마저도 신뢰받지 못합니다.

미국 미네소타 주 항구 도시 덜루스가 엄청난 비용 부담을 감수하고 정규직 홍수 감시 요원을 고용해야 하는지를 대학생들에게 물어 봤습니다. 실험 전에 학생들에게 사후 확신 때문에 판단을 왜곡하면 안 된다는 주의를 줬습니다. 대학생 A 그룹에는 시(市)가 결정할 때 확보한 증거만 보여 주고 고용해야 하는지 물었더니 24퍼센트가 그렇다고 답했습니다. B 그룹에는 쓰레기가 강을 막아 엄청난 홍수 피해를 봤다는 소식을 들려주고 고용해야 하는지 물었습니다. 사후 확신 편향을 조심하라는 주의를 받았음에도 B 그룹의 56퍼센트가 감시 요원을 고용해야 한다고 대답했습니다.

결과가 끔찍할수록 사후 확신 편향은 강해집니다. 아무도 예측하지 못했던 2001년 9·11 테러가 터지자 사람들은 다들 정부 당국자들이 무지했거나 태만했다고 생각했습니다. 사건 발생 두 달 전인 7월 10일 미국 중앙 정보국(CIA)은 알 카에다가 미국을 겨냥한 엄청난 공격을 계획 중일지 모른다는 첩보를 입수했습니다. 당시 CIA 국장은 이 첩보를 콘돌리자 라이스 국무장관에게 보고했습니다. 나중에 이런 사실이 알려지자 『워싱턴포스트』는 "역사를 뒤흔들 만큼 중대한 첩보라면 대통령에게 곧바로 보고했어야 했다"고 비판했습니다.

하지만 7월 10일 당시에는 아무도 이 첩보가 역사를 뒤흔들 사건이 되리라고는 상상하지 못했습니다. 아니, 감을 잡을 수조차 없었다고 보는 게 맞겠죠.

　사후 확신 편향과 결과 편향은 사람들의 위험 회피 성향을 키우게 마련입니다. 결과가 나빠질 확률이 있다면 우선 피하고 보자는 심리가 생길 것입니다. 그러나 엄청나고 무모하기까지 한 도박으로 승리한 장군이나 경영자 같은 무책임한 위험 추구자에게 과분한 보상을 안겨 주기도 합니다. 이들이 성공할 경우에는 담대함과 예지력을 갖췄다며 후광 효과의 왕관을 씌워 주고, 합리적으로 그들을 의심했던 사람들에게는 속 좁고 나약하다는 비난을 퍼붓게 마련입니다.

천국에 갈 확률이 가장 높은 사람

1997년 미국의 한 신문사가 '누가 천국에 갈 확률이 가장 높은가'에 대해 설문 조사를 실시한 적이 있습니다. 당시 응답자들의 답은 빌 클린턴 대통령이 52퍼센트, 다이애나 왕세자비가 60퍼센트, 유명 TV 프로 진행자 오프라 윈프리가 66퍼센트였습니다. 성녀로 추앙받은 마더 테레사 수녀는 79퍼센트였습니다. 그렇다면 천국에 갈 확률이 가장 높다고 본 사람은 누구였을까요? 엉뚱하게도 응답자 자신이었습니다. 설문 응답자들은 자신이 천국에 갈 확률을 무려 87퍼센트로 보았습니다.

사람들은 스스로 가장 잘 안다고 여기는 데서 종종 실수나 낭패를 보게 마련입니다. 심리학자 에드워드 루소와 폴 슈메이커가 2,000명 이상의 전문가를 대상으로 실험을 해 보았습니다. 전문가의 99퍼센트가 자신이 낸 답의 정답률을 실제 정답률보다 높게 예측했습니다. "원숭이도 나무에서 떨어질 때가 있다"는 속담이 생각나는군요. 여러분도 객관식 시험을 보고 나면 자신의 예상 점수보다 실제 점수가 낮았던 경험이 많을 것입니다. 아리송했던 문제들을 찍었는데, 대개는 자신에게 유리한 쪽으로 기억하기 때문입니다.

　이처럼 상황을 지나치게 낙관하거나 자기 과신에 쉽게 빠지는 심리를 과잉 낙관주의(overoptimism)라고 부릅니다. 예컨대 운전자의 80퍼센트는 자신이 평균적인 운전자보다 운전을 더 잘하고 안전하게 차를 몬다고 생각합니다. 지진이 나거나 번개가 떨어져도 나는 괜찮을 것이라고 믿는 것입니다. 과잉 낙관주의는 '설마 내게 그런 일이 일어날까'라고 생각하게 만들어 안전 불감증을 낳고 투자 위험에 둔감해지게 만듭니다.

　여성보다는 남성이 이런 성향이 더 강합니다. 남성의 80퍼센트가 거울을 볼 때마다 자신이 잘생겼다고 여기는 반면, 여성의 80퍼센트는 자신이 뚱뚱하다고 생각한다는 이야기가 있죠? 온라인 주식 거래를 하는 3만 5,000명의 자료를 분석한 연구에 의하면 남성 투자자들이 여성보다 평균 45퍼센트 더 자주 주식을 사고팔았습니다. 남성들은 자신의 결정을 더 확신했기 때문입니다. 하지만 실제 투자 성과는 오히려 여성이 2.65퍼센트포인트 높았다고 합니다. 남성들은 과잉 낙관주의 탓에 잘못된 매매 판단을 했고 그 결과 증권 회사에 거래 수수료만 더 갖다 바쳤기 때문일 것입니다.

1943년 설립된 스웨덴의 이케아가 세계 최대 가구업체가 된 것은 어쩌면 과신과도 연관이 있을 것 같습니다. 『상식 밖의 경제학』의 저자인 미국 듀크 대학교의 댄 애리얼리 교수는 바로 이 점에 착안해 이케아 효과(Ikea effect)라는 용어를 만들었습니다. 이케아 매장에서는 완성된 가구뿐 아니라 다양한 가구의 조립 재료를 판매합니다. 설명서를 꼼꼼히 들여다보면 시간은 좀 걸리지만 누구나 스스로 가구를 만들 수 있습니다. 만들어 놓은 가구를 볼 때마다 적어도 몇 주 동안은 자신도 모르게 흐뭇한 미소를 짓게 될 것입니다.

이처럼 사람들은 대개 본인이 직접 만든 것에 높은 점수를 주고 더 신뢰하며 더 큰 만족감을 느낍니다. 대개는 이런 이케아 효과가 긍정적입니다. 주입식 강의보다는 수강생들이 참여하는 강의가 훨씬 효과적인 것도 같은 이유입니다. 하지만 자신이 생각해 낸 아이디어에 대해 성공 가능성을 낙관하고 더 높은 가치를 부여하는 것은 오류로 빠지는 지름길입니다. 아무리 똑똑하고 사려 깊다고 해도 아이디어를 실행하는 과정에서 벌어질 무수한 변수와 위험을 다 고려할 수는 없기 때문입니다. 이는 이케아 효과의 부정적인 면입니다.

과잉 낙관주의에 빠지면 자신의 결정이 늘 합리적이라고 맹신하게 됩니다. 이는 자신이 무엇이든 주도하고 있다고 믿는 통제력 착각(illusion of control)을 가져옵니다. 우연이나 랜덤으로 결정되는 현상을 자신이 좌우할 수 있다는 과신의 일종입니다. 카지노에서 주사위 게임을 하는 사람들이 배팅하는 모습을 보면 흥미롭습니다. 주사위를 던지기 전에는 선뜻 고액을 배팅하다가도, 주사위가 던져진 뒤에는 배팅하기를 꺼리게 됩니다. 심지어 주사위를 던지기 전에 두 손을 모으고 정신을 집중하는 듯한 표정을 짓는 사람들도 많습니다. 그렇게 하면 주사위가 어떤 숫자가 나올지 자신이 조종할 수 있다고 믿는 것처럼 말입니다.

미국 중소기업들이 5년 동안 생존할 확률은 실제로 35퍼센트 정도에 불과합니다. 하지만 기업인들은 이 실제 통계가 자신에게는 적용되지 않는다고 믿는 것 같습니다. 자신이 창업한 기업의 성공률을 얼마로 예상하느냐고 묻는 질문에 대한 응답은 평균 60퍼센트였습니다. 실제 확률보다 거의 두 배입니다. 이런 편향은 사업의 성공률을 평가할 때 더욱 두드러졌습니다. 기업인의 81퍼센트가 자신의 사업 성공 확률을 70퍼센트 이상으로 잡았고, 아예 실패 확률이 제로라는 기업인도 33퍼센트에 달했습니다.

과잉 낙관주의가 통제력 착각이나 사후 판단 편향과 맞물리면 상황은 더욱 나빠집니다. 일이 잘 풀리면 오로지 자신의 능력 덕이고 일이 잘못되면 남이나 상황 탓으로 돌리는 경향을 보이게 됩니다.

주식을 잘 고를 수 있다는 착각

주식 시장에서는 매일 수억 주가 거래되고 수백만 명이 주식을 사고

팝니다. 한 종목이 하루에 수백만 주씩 거래됩니다. 주식을 사는 사람이 있으면 파는 사람도 있습니다. 매수자는 주가가 낮아 더 오를 가능성이 높다고 생각하고, 매도자는 주가가 이미 높아서 하락할 가능성이 크다고 생각하기에 그렇게 행동할 것입니다. 그렇다면 현재 주식의 가치에 대해 매수자와 매도자는 왜 정반대의 생각을 가졌을까요? 그야말로 주식 시장의 수수께끼가 아닐 수 없습니다.

이런 현상은 주식 시장의 매수자와 매도자 모두 현재의 주가가 잘못됐다고 생각하기 때문에 발생한 것입니다. 싸 보이면 사고 비싸 보이면 팔게 마련입니다. 그런데 모두들 자신이 시장을 잘 알고 있다고 믿는데 불행히도 이런 믿음은 대부분 착각에 기인합니다. 나는 이를 기술의 착각(illusion of skill)이라고 부릅니다. 구체적으로 말하면 주식 선택 기술의 착각입니다. 자신의 능력(기술)을 과신해 잘못된 판단을 내리고도 오류임을 알지 못하는 현상입니다.

수많은 개인 투자자들은 주식을 거래하면서 계속해서 손실을 입습니다. 심지어 개인 투자자들이 고른 주식은 침팬지가 무작위로 고른 주식보다도 수익률이 나쁘다는 연구도 있습니다. 내 제자인 UC 버클리 캠퍼스의 테리 오딘 교수는 7년간 한 증권사의 개인 증권 계좌 1만 개의 매매 기록 16만 3,000건을 분석했습니다. 투자자들은 자신이 산 주식이 판 주식에 비해 수익률이 나을 것으로 확신했습니다. 오딘은 투자자들이 판 주식과 산 주식의 1년간 수익률을 비교한 결과 산 주식보다 판 주식의 수익률이 평균 3.2퍼센트포인트 높았습니다. 물론 평균이기에 이보다 잘한 사람도 있고 못한 사람도 있을 테지만, 자신의 능력을 믿고 거래한 것이 차라리 아무것도 안 하느니만 못했습니다. 또한 자주 거래하는 투자자들이 대개 성과가 부진했고 적게 거래하는 투자자가 성과가 좋았습니다. 게다가 남성은 여성보다 불필요한 생각에 훨씬 더 민감하게 반응하는 성향이 있는 탓에 남성이 여성보다 투자 성과가 좋지 못했습니다.

개인 투자자들은 주식을 산 뒤 평가 이익이 난(주가가 오른) 종목은 팔아 차익을 실현하고, 평가손이 난(주가가 내린) 종목은 계속 붙들고 있는 성향이 강합니다. 손실 회피(loss aversion) 성향 탓입니다.

손실에 대한 감정적 반응은 같은 크기의 이익에 비해 2~2.5배에 이른다는 게 여러 연구 결과에서 나타납니다. 주식은 대개 오르는 종목이 더 오르고 내리는 종목은 더 내려가게 마련입니다. 쉽게 말해 개인들은 보유 종목 중에서 팔 주식을 잘못 고른 셈입니다.

형편없는 투자 실력은 전문가들이라고 크게 다르지 않습니다. 전문 투자자(펀드매니저)가 운용하는 펀드도 세 개 중 두 개는 연간 시장 평균 수익률보다 낮았습니다. 해마다 펀드의 수익률 순위는 요동을 칩니다. 나는 전문 투자자 25명의 8년간 투자 실적을 분석해 봤습니다. 1년 차와 2년 차, 1년 차와 3년 차부터 시작해 7년 차와 8년 차까지 각각 2년씩 짝지어 성과의 상관관계를 계산했습니다. 2년씩 짝지어 총 28가지 조합이 나왔는데 그 상관 계수의 평균은 0.01이었습니다. 거의 0에 가까우니 아무 관계 없다고 보아도 무방합니다. 아무렇게나 동전을 던져 살 때와 팔 때를 결정하는 것이나 다를 바 없습니다.

물론 주식을 선별하고 주가를 예측하는 것은 고도의 기술로 간주됩니다. 사실 전문가들은 경제 지표와 전망, 기업의 재무제표, 경영진의 자질, 업황 및 경쟁 상황 등을 종합적으로 따지고 평가합니다. 이런 일은 결코 쉬운 게 아니며 상당한 훈련을 요합니다. 하지만 기업의 사업 전망을 평가하는 기술이 성공적인 주식 거래의 필요 조건은 될 수 있어도 충분 조건은 될 수 없습니다. 그렇다고 분석과 평가 기술, 기업에 관한 정보가 무용지물이란

경제 지표
생산, 소비, 무역 등 각종 경제와 관련된 활동들을 분야별로 가늠해 볼 수 있도록 만든 통계입니다.

재무제표
회사의 경영 상황을 일목요연하게 표현한 보고서를 이릅니다.

말은 결코 아닙니다. 주식 거래에서 가장 중요한 핵심은 기업에 대한 정보가 이미 주가에 반영됐는지 아직 안 됐는지에 달려 있을 뿐입니다.

대개 과거에 벌어진 일(예를 들어 주가 변동)은 그 원인을 족집게처럼 설명합니다. 그렇지만 미래 예측은 그다지 미덥지 못합니다. 미래는 쉽게 예상할 수 없는 우연과 운에 의해 좌우되게 마련입니다. 사람들은 과거를 쉽게 설명할 수 있기 때문에 미래를 예상할 수 없다는 사실을 잘 받아들이지 못합니다. 어설픈 예측은 항상 두루뭉술한 말로 제시하는 '오늘의 운세'와 다를 게 없습니다. 다음은 한 일간 신문에 나온 특정일의 운세입니다.

'용띠: 40년생 잡념 버리고 집중. 52년생 욕심을 버리고 마음을 편히. 64년생 자만은 금물, 남이 보지 않아도 성실해야. 76년생 허욕 부리면 내가 지닌 것을 잃는다. 88년생 행동하기 전에 생각을 먼저.'

무엇 하나 이상할 게 없습니다. 어떤 사람들은 자신이 처한 상황에 딱 들어맞는 이야기라고 생각하기도 합니다. 하지만 운세에 나온 것처럼 집중하고, 마음 편히 먹고, 자만하지 않고, 허욕을 부리지 않고, 행동 전에 생각하라는 말은 누구나 할 수 있습니다. 누구든 그렇게 해서 나쁠 것이 없습니다. 이런 운세를 맹신하고 추종하는 것보다 차라리 주사위를 던지는 게 나을지도 모릅니다.

어설픈 예측보다는 공식이 낫다

경제학자이자 와인 마니아인 올리 아센펠터는 단순한 통계가 세계적인 와인 전문가들을 능가한다는 사실을 입증했습니다. 그는 프랑스 보르도 와인이 생산된 해에 구할 수 있는 정보를 통해 와인의 미래 가치를 예측하려 했습니다. 같은 포도밭에서 나왔더라도 숙성된 와인의 가격은 빈티지에 따라 크게 차이가 납니다. 생산 연도가 불과 1년 차이인데도 와인 가격이 10배 이상 차이가 날 때도 있으니 예측만 정확하다면 무척 가치 있는

빈티지
포도를 수확해 와인을 만든 해를 의미합니다.

일이 될 것입니다. 내로라하는 와인 전문가들이 해마다 와인의 미래 가치를 예측하는 이유입니다.

아센펠터는 여름 평균 온도, 수확기의 강우량, 전년도 겨울의 강우량 등 세 가지 특성으로 와인 가격 예측 통계 공식을 만들었습니다. 아센펠터의 공식에 의한 미래 가치 예측은 정확했습니다. 실제 가격과의 상관관계는 0.9가 넘었습니다. 상관관계가 1이면 100퍼센트 일치하는 것입니다. 그 어떤 와인 전문가들의 예측도 이 공식보다 정확도가 높지 못했습니다.

전문가들의 예측이 통계 공식과 같은 알고리즘보다 열등한 이유는 무엇일까요? 전문가들은 예측할 때 똑똑해지고, 독창적으로 사고하고, 여러 특징의 복잡한 조합을 검토하려고 애쓰기 때문일 것입니다. 또한 복잡한 정보를 요약하고 판단할 때 사람은 고질적으로 일관성이 부족합니다. 같은 정보를 판단해 달라는 부탁을 받았을 때 종종 아주 다른 대답을 하는 것입니다.

X레이를 판독하는 노련한 방사선과 전문의들도 똑같은 사진일지라도 다른 상황에서 볼 때 달리 판독하는 경우가 20퍼센트에 이른다고 합니다. 기업의 자체 회계 감사의 신뢰성을 평가해 달라는 부탁을 받은 회계사 101명을 대상으로 실시한 조사에서도 이와 유사한 수준의 불일치가 나타났습니다.

전문가일수록 자신은 남들이 못하는 일을 할 수 있는 선택받은 소수라고 과신하는 경향이 있습니다. 하지만 전문가들의 예측 정확성은 단순한 공식(알고리즘)과 같거나 그보다 못할 때가 많습니다.

주가 전망이나 경제 성장률 전망도 마찬가지입니다. 나중에 결과를 보고 나서 다 예상할 수 있었다고 믿습니다. 이는 '그럴 줄 알았다' 식의 사후 확신 편향일 뿐입니다.

우리는 기계와 인간이 싸울 때는 대개 우리의 동료인 인간의 편을 듭니다. 인간에게 영향을 미치는 알고리즘에 대한 적대감, 거부감을 갖고 있기 때문입니다. 합성이나 인공보다 자연산 유기농을 강력히 선호하는 것도 같은 맥락일 것입니다. 하지만 콜레스테롤 수치처럼 간단한 알고리즘이 갖고 있는 지침이 유용하다는 인식은 점점 늘어나고 있습니다. 스포츠 세계에서 신인 선수의 연봉처럼 중요한 결정을 내릴 때 성적 통계 같은 알고리즘이 스카우터의 재량적 판단보다 뛰어나다는 것을 이제는 대중들도 알고 있습니다.

내부 관점과 외부 관점

- 사례 1: 0~2세 무상 보육이 올해부터 전면 실시되자 어린이집이 그야말로 미어터지고 있다고 한다. 보건복지부에 따르면 올 들어 13만 명의 영아 부모들이 어린이집에 새로 신청서를 냈다. 일부에선 대기자 명단만 수천 명에 달할 정도라고 한다. 지난해까지 0~2세 영아 중 소득 하위 70% 가정에만 보육료를 지원하다 올해는 소득에 관계없이 무상 교육으로 바뀐 결과다. 주부들 사이에 '공짜도 못 찾아 먹으면 바

보'라는 인식이 확산되면서 어린이집 구하기가 하늘의 별 따기처럼 되고 있다는 것이다. 이렇다 보니 돈을 내더라도 아이를 꼭 맡겨야 하는 가정조차 어린이집을 못 구하는 일이 비일비재하다고 한다. (『한국경제신문』 2012년 3월 9일 자 사설)

- 사례 2: 세종시에 학교 대란이 시작됐다. 정부 부처 이전 공무원들의 정착을 돕기 위해 조성한 세종시 한솔동 첫마을 아파트 단지는 학교 시설 부족으로 혼란을 빚고 있다. 특히 연말까지 이전하기로 한 공무원 4,000여 명 중 겨우 400여 명만 세종 지역에 이주했는데도 학교 시설 부족 현상이 나타나면서 교육 당국은 물론 학부모들도 당혹감을 감추지 못하고 있다. (『충청투데이』 2012년 11월 23일 자)

공무원들이 무상 보육이나 세종시 학교 정원을 예측하고 운영 계획을 짤 때 이런 상황을 상상했을까요? 사례 1에서 정부가 무상 보육을 시작할 때만 해도 그 당시 어린이집의 수용 인원만을 토대로 예산을 편성했습니다. 하지만 공짜로 아이를 맡아 준다니까 집에서 키우던 아이들까지 대거 몰려들었습니다. 그러니 맞벌이 부부도 아이를 맡기려면 1~2년을 기다려야 할 지경이 됐습니다. 지방 자치 단체들은 늘어난 보육 인원으로 인해 예산이 바닥나 무상 보육을 중단해야 할 지경에 이른 것입니다.

사례 2의 세종시도 이주해 오는 공무원 자녀를 수용하는 데 아무 문제가 없을 것으로 봤습니다. 하지만 학생들에게 아이패드를 나눠 주는 등 교육 여건이 탁월하다는 입소문이 나자 인근 지역 주민들이 대거 이주했고 위장전입까지 마다 않고 몰려들었습니다. 교실은 콩나물시루가 되었고 심지어 교장실까지 교실로 내주게 된 것입니다.

위장전입
실제로 거주지는 옮기지 않고 주민등록법상 주소만 바꾸는 행위를 말합니다. 현재 살고 있는 곳과 다른 학군의 좋은 학교에 자녀를 입학시키려고 주소지만 옮기는 것이 대표적인 위장전입의 형태입니다.

사람들은 현재의 정보만을 토대로 주관적으로 미래를 예측하고 계획을 짭니다. 보는 게 세상의 전부라는 WYSIATI의 규칙을 되새겨 보십시오. 계획과 현실(실행 과정) 사이에는 등장할 무수한 변수들이 있습니다. 하지만 대부분의 변수는 계획 단계에서는 상상조차 힘듭니다. 발생할 수 있는 모든 변수를 머릿속으로 그릴 수 없기에 사람들은 과잉 낙관주의에 빠져들게 됩니다.

사람들이 스스로 계획한 일의 결과에 대해 과도하게 낙관적으로 예측하는 심리는 어디에서나 흔히 볼 수 있습니다. 이를 계획 오류(planning fallacy)라고 부릅니다. 정부나 기업, 개인 모두 이런 경험을 했을 테지만 결과는 대개 끔찍했을 것입니다. 왜 이런 오류가 생길까요.

완벽한 계획이란 처음부터 불가능했을 것입니다. 계획 수립자들만 그것을 몰랐을 뿐입니다. 진행 과정에서 끊임없이 새로운 변수가 생기고 상황이 달라지며 본래 계획을 수정해야 할 일이 생겨납니다.

계획을 수립하는 사람들이 계획 오류에 빠지는 것은 자신들 외에 타인들이 보는 다양한 관점을 수용하지 못했기 때문이라고 할 수 있습니다. 내게는 성공적인 결과가 거의 확실한 계획일지라도 타인에게는 오히려 실패를 예약하는 행동으로 비칠 수도 있습니다. 이는 내부 관점(inside view)과 외부 관점(outside view)의 차이에서 비롯되는 것입니다.

내부 관점에만 입각해 판단과 선택을 할 때는 계획 오류의 가능성은 훨씬 높아질 것입니다. 최근 식당을 개업한 사람이라면 적어도 자신의 성공 확률을 과소평가하거나 식당 운영 능력이 형편없다고 생각하지는 않을 것입니다. 자신의 식당은 잘될 것이라는 기대도 갖고 있을 것입니다. 낙관적인 사람일수록 위험을 잘못 읽기 때문에 실제로는 그렇지 못하면서도 자신이 신중하다고 믿는 경향마저 있습니다.

하지만 신장개업한 식당 열 곳 중 여섯 곳은 3년 안에 폐업하는 게 현실입니다. 만약 그 식당 주인이 앞으로 닥칠 어려움을 제대로 파악하기 위해 노력했다면 그래도 돈과 시간을 쏟아부었을까요? 그런 역경이 닥칠지 미리 알았더라도 식당을 냈을까요?

외부 관점이 무조건 옳다는 것은 아닙니다. 외부 관점이 가치가 있으려면 일반적으로 누구나 수용할 수 있는 근거가 있어야 합니다. 계획의 실현 가능성 여부를 꼼꼼히 짚어 줄 참고 집단을 올바로 선택할 수만 있다면 외부 관점은 유용한 결과를 가져다줄 것입니다.

하지만 자신이 받은 인상과 외부 관점이 어울리지 않을 때 사람들은 외부 관점을 쉽게 무시해 버립니다. 외부 관점은 내부 관점과 경쟁해서 이길 수 없습니다. 자신의 계획과 유사한 다른 프로젝트들로부터 발생 가능한 정보를 얻는 것이 외부 관점을 수용하는 것입니다. 이는 계획 오류의 치료법이기도 합니다.

아무리 허황된 생각이라도 이를 신봉하는 집단에 의해 유지된다면 확고부동한 신념으로 바뀌기도 합니다. 동일한 생각을 가진 사람들이 모여 폐쇄적으로 의견을 나누다 보면 더욱 극단적으로 빠지기 쉽습니다. 캐스 선스타인 하버드 대학교 교수는 『우리는 왜 극단에 끌리는가』에서 이런 현상을 집단 극단화(group polarization)라고 명명했습니다. 선스타인은 리처드 탈러와 함께 『넛지』를 쓴 공동 저자이기도 합니다.

　집단 극단화 현상은 테러 집단, KKK 같은 인종주의자, 시위대, 노동조합, 페미니스트 단체, 배심원, 특정 종목의 주식 투자자들에 이르기까지 자주 발견할 수 있습니다. 사람들이 집단에 소속되면 혼자 있을 때는 하지 않을 일을 생각하고 실제 행동에 옮기기도 합니다. 한마디로 유유상종이며 끼리끼리 모이는 것입니다. 이런 성향의 집단에서는 내부 관점만이 유효할 뿐 외부 관점은 수용하지 못합니다.

경제 plus

머니 볼과 알고리즘

브래드 피트가 주연한 영화 〈머니 볼〉은 알고리즘의 유용성을 보여 주는 좋은 사례입니다. 이 영화는 마이클 루이스의 동명 베스트셀러 소설을 영화로 만든 것입니다. 주인공 빌리 빈은 실제로 미국 메이저 리그 야구팀 오클랜드 애슬레틱스의 단장입니다. 그가 만년 하위 팀을 4년 연속 포스트시즌에 진출시키는 기적을 연출하는 과정을 영화는 보여 줍니다.

메이저 리그에서는 통상 선수를 선발할 때 타자는 타율, 투수는 방어율에 중점을 둡니다. 또한 선수의 명성, 인기, 외모 등도 중요한 고려 사항입니다. 하지만 빈 단장은 야구 이론가 빌 제임스가 정립한 머니 볼 이론을 채택했습니다. 선수 선발 때 명성과 인기, 스카우터의 주관을 철저히 배격하고 통계 공식만으로 선수들을 영입했습니다. 통계도 타자의 경우 타율보다는 출루율과 장타력, 투수는 방어율보다 이닝당 출루 허용률을 중시하고 아웃카운트가 늘어나는 희생 번트나 도루는 지양했습니다.

그렇게 뽑은 선수들은 인기도 없고, 연봉도 낮으며, 나이가 많고, 심지어 한물간 경우까지 있었습니다. 다른 팀에선 외면하던 퇴물들이었어요. 하지만 머니 볼 공식에 부합한 선수들은 2002년 메이저 리그 사상 처음으로 20연승의 기적을 일구며 포스트시즌에 진출했습니다. 팀 전체 연봉이 4,000만 달러로 최저 수준인 오클랜드는 세 배가 넘는 뉴욕 양키스(1억 2,500만 달러)와 더불어 그해 최다승을 기록했습니다. 박찬호 선수도 오클랜드만 만나면 항상 고전했습니다.

직관적 사고의 특징은 제한된 증거로 성급한 결론을 내린다는 점입니다. 보이는 것이 세상의 전부인 셈이지요.

자신의 판단이나 선택이 실제보다 더 올바르고 타당하다고 믿는 심리를 과신이라고 합니다. 과신은 판단을 내릴 때 중요한 증거를 누락시키기도 하지요.

그래서 일어날 일을 미리 예견하고 있었다고 착각하기도 합니다.

과신은 전문가라고 해서 별반 다르지 않습니다. 그들도 똑같은 인간이니까요.

이러한 과신과 편향은 합리적인 의사 결정을 내리는 데 혼란을 주게 됩니다.

선택이 오락가락 :
프로스펙트 이론

우리가 일반적으로 알고 있던 경제학에서는 이익과 손실
에 따라서 합리적인 선택을 하게 된다고 이야기합니다.
하지만 사람의 마음은 그때그때 달라서 확실한 기준을
정하기 어렵습니다. 이번 수업에서는 수시로 바뀌는 선
택의 기준에 대해서 살펴봅시다.

최근 5년 동안의 수능과 유명 대학교의 논술 연계

2010학년도 6월 수능모의평가 경제 19번
http://www.suneung.re.kr/boardCnts/view.do?boardID=1500236&board
Seq=3001225&lev=0&m=0403&searchType=S&statusYN=W&page=1&
s=suneung

2009학년도 9월 수능모의평가 경제 14번
http://www.suneung.re.kr/boardCnts/view.do?boardID=1500236&board
Seq=3001205&lev=0&m=0403&searchType=S&statusYN=W&page=1&
s=suneung

2007학년도 대학수학능력시험 경제 20번
http://www.suneung.re.kr/boardCnts/view.do?boardID=1500234&board
Seq=3000984&lev=0&m=0403&searchType=S&statusYN=W&page=1&
s=suneung

베르누이의 오류

어두운 방에서 촛불을 켜면 환하게 느껴집니다. 그러나 형광등이 켜진 방에서는 촛불을 켜도 별다른 변화를 느끼지 못할 것입니다. 실내 온도 섭씨 20도는 겨울에는 따뜻하겠지만 여름에는 춥게 느껴집니다. 같은 촛불, 같은 20도인데 사람들은 왜 이렇게 다르게 반응할까요?

돈을 놓고 생각해 봅시다. 100만 원을 가진 사람이 200만 원을 갖게 되는 것과, 900만 원을 가진 사람이 1,000만 원을 갖게 되는 것은 똑같이 100만 원이 늘어난 것입니다. 그렇다면 두 사람의 만족도는 같을까요?

주류 경제학에서는 사람의 만족도를 효용으로 설명합니다. 애덤 스미스가 『국부론』(1776)을 출간하기 38년 전인 1738년에 스위스의 물리학자 다니엘 베르누이는 '효용 이론'을 발표했습니다. 베르누이는 돈의 주관적 가치는 현재 얼마를 갖고 있느냐에 따라 달라질 수 있다고 봤습니다. 즉, 부의 수준은 효용을 통해 측정된다는 것입니다.

예컨대 100만 원이 200만 원이 되는 것과 900만 원이 1,000만 원이 되는 것은 똑같은 100만 원이 늘어난 것이지만 효용(만족도)은 당연히 차이가 납니다. 재산의 증가에 따라 효용이 커지게 마련이시만 그 효용의 증가 폭은 점차 줄어들게 된다는 게 베르누이 이론의 골자입니다. 따라서 100만 원을 가진 사람에게 10만 원짜리 선물은 200만 원을 가진 사람에게 주는 20만 원짜리 선물과 같은 효용성을 갖는다고 베르누이는 주장했습니다.

물론 베르누이의 생각은 틀리지 않습니다. 한계 효용 체감의 법칙의 원조라고 할 수 있습니다. 장기적으로 갈수록 합리적 행동을 설명하는 데에는 이 이론이 적합합니다. 베르누이의 아이디어는 18세기 발표 당시에는 놀라운 것이었습니다. 베르누이 이전까지 기댓값만으로 효용을 평가한 데서 진일보한 것이기 때문입니다.

하지만 나와 트버스키는 베르누이가 심각한 실수를 범했다는 점을 발견했습니다. 이른바 베르누이의 오류 또는 베르누이의 실수라고 부르는 것입니다. 베르누이는 효용의 증가에만 초점을 맞췄을 뿐 효용이 줄어들 때 사람들의 선택이 어떻게 달라지는지를 간과했습니다. 효용이 항상 0에서 출발한다고 본 것입니다. 사람이 판단하는 주관적 가치는 자신이 가진 것(현재 상태)을 기준으로 얼마나 이익인지 손실인지를 따진다는 간단한 이치를 베르누이는 놓쳤습니다. 다음 사례를 봅시다.

오늘 민준과 태희는 각각 500만 원을 갖고 있다. 어제는 민준이 100만 원, 태희가 900만 원을 갖고 있었다. 둘은 오늘 똑같이 행복할까?

베르누이의 효용 이론대로라면 민준과 태희는 똑같이 500만 원을 가졌으니 행복감도 같아야 하지만 실제로는 그럴 수 없다는 점을 누구나 쉽게 알 수 있습니다. 민준과 태희의 행복감은 그들의 본래 기준점(민준 100만 원, 태희 900만 원)과 비교해 현재 재산의 변화에 따라 결정될 것입니다. 재산 상태가 같아도 각자 평가하는 심리적 결과는 완전히 달라집니다. 설사 태희가 지금 500만 원을 가졌고 민준이 200만 원에 불과하다고 해도 태희보다는 민준이 더 행복할 것입니다. 부의 수준을 효용의 척도로 보는 베르누이의 시각에서는 왜 민준이 더 행복한지 설명할 수 없습니다.

기말 시험을 친 학생 A는 90점을 기대했고 학생 B는 70점을 예상했는데 똑같이 80점이 나왔을 경우를 가정해 봅시다. A는 예상보다 못한 점수에 크게 실망한 반면 B는 만족할 것입니다. A의 기준점은 90점, B는 70점이었기 때문입니다. 만약 A가 85점, B가 75점을 맞았더라도 A보다는 B가 더 행복감을 느낄 것입니다.

이런 현상은 똑같은 크기의 소리를 듣더라도 먼저 속삭임을 들었는지 고함을 들었는지에 따라 아주 크게 또는 아주 작게 들리는 것

과 마찬가지입니다. 주관적인 소리 크기를 예측하려면 소리 에너지의 절대량만 알아선 안 되고 비교 기준이 되는 소리도 알아야 합니다. 즉, 판단의 기준은 절대적이 아니라 상대적입니다.

나는 베르누이 이론이 심각한 오류를 가졌음에도 긴 생명력을 갖고 있다는 사실이 더 놀라웠습니다. 경제학자들에 있어서 효용은 마치 영원한 연인과도 같다는 비유가 나올 정도입니다. 학자들의 사고방식이 가진 취약성에 원인이 있다고 생각합니다.

이런 현상을 이론 때문에 생긴 맹목(theory-induced blindness)이라고 부릅니다. 일단 어떤 이론이 받아들여져 사고의 도구로 사용됐다면 그 이론의 문제를 파악하기가 매우 어려워지는 현상입니다. 그래서 한번 수용된 이론은 불신하기 힘들며, 불신을 시도할수록 시스템 2는 쉽게 피곤해집니다.

사람은 변화에 반응한다

나와 트버스키는 베르누이의 오류를 해소하는 해법으로 1990년 노벨 경제학상을 받은 해리 마코위츠가 1952년 발표한 논문에 주목했습니다. 효용은 재산의 상태(절대량)가 아니라 변화와 더 밀접하다는 이론입니다. 마코위츠의 이론은 발표된 지 25년이 지나도록 주목받지 못하다가 우리가 수용하면서 경제학계에 큰 반향을 몰고 왔습니다.

우리가 마코위츠의 아이디어를 받아들여 내놓은 것이 선택의 원리를 제시한 프로스펙트 이론(prospect theory)입니다. 우리는 프로스펙트 이론을 1979년 수리 경제학의 대표적인 저널인 『이코노메트리카』에 발표했습니다. 리스크(위험)가 있는 상황에서 사람들이 어떤 선택을 내리는지에 관한 연구입니다. 한마디로 요약하면 '사람은 변화에 반응한다'는 것입니다.

나는 프로스펙트 이론을 본래 가치 이론으로 불렀습니다. 프로스펙트는 '희망, 기대'를 뜻하지만, 그런 의미보다는 주류 경제학과는

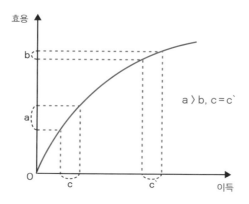

효용

b

a

a > b, c = c`

O   c   c`   이득

〈그림 4-1〉 효용 이론의 효용 함수

다른 독자적인 이론이라는 의미로 붙인 이름입니다. 그냥 프로스펙
트 이론이라고 부르든지, 유망 이론, 전망 이론, 가치 이론 등으로 해
석하든지 상관없습니다.

우리는 프로스펙트 이론을 통해 주류 경제학의 효용 함수(utility
function)에 대칭되는 가치 함수(value function)와, 확률을 사람들이 주
관적으로 해석할 때 나타나는 확률 가중 함수를 제시했습니다.

먼저 가치 함수가 무엇을 의미하는지 살펴봅시다. 주류 경제학에
서 말하는 효용 함수 그래프는 원점(O)에서 출발해 오른쪽으로 갈
수록 경사가 완만해집니다. 이익이 커질 때 한계 효용은 증가 폭이
점점 줄어든다는 것(한계 효용 체감의 법칙)을 설명합니다. 반면 가치
함수 그래프는 원점을 기준으로 오른쪽으로 갈수록 이익 증가, 왼쪽
으로 갈수록 손실 증가를 나타냅니다. 이때 원점은 이익인지 손실인
지 비교의 근거가 되는 준거점(reference point)이 됩니다. 베르누이의

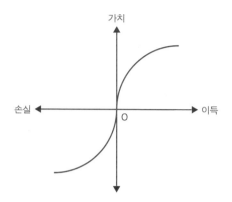

가치

손실 ← ─────────┼───────── → 이득

O

〈그림 4-2〉 프로스펙트 이론의 가치 함수

실수는 이런 기준점을 누락한 데 있습니다.

사람들은 변화에 반응하고 손실과 이득을 판단하는 자기 나름의 가치 함수가 있습니다. 그 근거가 마음속의 기준점입니다. 기준점은 이미 정해진 절대적인 것은 아닙니다. 사람의 마음에 따라 그때그때 달라지기에 불교에서 말하는 일체유심조(一切唯心造)와 도 일맥상통합니다.

> **일체유심조**
> 모든 것은 마음에 달려 있다는 뜻의 불교 용어입니다.

프로스펙트 이론에선 사람들에게 세 가지 인지적 특징이 있다고 봅니다. 이런 특징들은 시스템 1의 기능이기도 합니다.

첫째, 준거점 의존성(reference dependency)입니다. 가치에 대한 주관적 평가는 절대적 수준이 아니라 현재 상태(준거점)로부터의 변화에 달려 있다는 의미입니다. 앞에 냉수, 보통 물, 온수가 담긴 세 개의 물통이 있다고 가정합시다. 냉수와 온수에 각각 1분간 손을 담근 뒤 온도가 중간인 가운데 물통에 두 손을 같이 넣어 봅시다. 같은 물인데도 한 손은 따뜻하게 느끼고 다른 손은 차갑게 느낄 것입니다. 기준 점에서 변한 방향(온수냐, 냉수냐)에 따라 정반대 느낌을 갖게 됩니다.

둘째, 민감도 체감성(diminishing sensitivity)입니다. 주류 경제학의 한계 효용 체감이란 개념의 행동 경제학 버전입니다. 감각이나 재산 변화와 마찬가지로 자극(금액)이 클수록 변화를 감지하는 정도는 줄어들게 마련입니다. 어두운 방에선 촛불 하나를 켜면 아주 밝게 느껴지지만 환한 방에선 별로 달라지지 않습니다. 마찬가지로 900달러와 1,000달러 사이의 주관적 차이는 100달러와 200달러의 차이보다 훨씬 적습니다. 카지노에서 처음 10달러를 잃었을 때 10달러를 더 배팅할지에 대해 대개 신중하게 생각합니다. 하지만 100달러쯤 잃었다면 10달러 더 배팅하는 데 대해서는 별로 신경 쓰지 않습니다.

셋째, 손실 회피성(loss aversion)입니다. 사람들은 손실을 같은 금액의 이익보다 훨씬 크게 느끼는 경향이 있습니다. 동전 앞면이 나오면 100원을 따고 뒷면이 나오면 100원을 잃는 게임이라면 사람들이 거의 흥미를 느끼지 않습니다. 기댓값이 제로(0)이니까요. 적어도 이익이 손실보다는 조금이라도 커야 합니다. 주식에 투자하는 개미 투자자들이 매수할 때 가격보다 주가가 오른 종목은 냉큼 팔고 손해난 종목은 팔지 못하고 갖고 있다가 더 큰 손실을 보는 것도 손실 회피성이 빚어낸 결과입니다. 손실이 확정되는 것만큼 고통스러운 것은 없기 때문에 가급적 손실 확정을 미루는 것입니다.

손실 회피성은 인류 진화의 역사에서 생겨난 것입니다. 위협을 기회보다 중요하게 여길 때 생존과 번식의 가능성이 높았기 때문입니

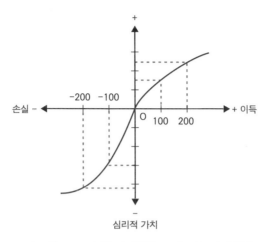

+

손실 −   −200 −100   O 100 200   + 이득

−

심리적 가치

〈그림 4-3〉 손실 회피성을 보여 주는 가치 함수

다. 먹을거리를 사냥할 기회보다는 맹수에게 물릴 위협을 더 심각하게 여겨야 했죠. 사냥의 실패는 하루를 굶는 것이지만 맹수에게 물리는 것은 인생이 끝나는 것이니까요.

사람이 선택한 결과의 가치를 세 가지 원칙에 따라 그림으로 정리하면 〈그림 4-3〉과 같습니다. 프로스펙트 이론에서 가치의 운반체(carrier)는 손실과 이득에 대한 심리적 가치인 반면, 베르누이 이론에서 효용의 운반체는 재산 상태입니다. 이 그래프는 기준점인 원점을 중심으로 S자 형태입니다. 원점 부근에서 기울기가 가파르고 좌우로 갈수록 완만해지는 것은 민감도 체감성을 보여 줍니다. 또한 S자가 위아래로 대칭이 아니라 아래쪽이 더 급격한 기울기를 갖는 것은 손실을 더욱 큰 것으로 받아들이는 손실 회피성을 나타내는 것입니다. 같은 100원이라도 이득보다 손실에 대해 느끼는 감정이 두 배 이상 큰 심리 패턴을 보여 줍니다.

사람의 선택은 늘 복합적인 성격을 띱니다. 이득을 얻을 기회가 있는 반면 손실을 볼 가능성도 늘 존재합니다. 대학 입시에서 A대학을 지원할지 B대학을 지원할지, 도박을 수용할지 거부할지, 전쟁에서 공격할지 말지, 정치인이 선거에 출마할지 포기할지 등 각각의 선택마다 성공과 실패의 가능성이 모두 있습니다. 이럴 때 사람들은 대개 손실을 이득보다 크게 느낍니다. 다음 문제를 보며 자신의 손실 회피 정도를 가늠해 봅시다.

이기고 질 확률이 50 대 50인데 지면 10만 원을 손해 본다면 최소 얼마의 이득을 올릴 수 있어야 도박에 참여하겠는가?

여러분이라면 어떻게 하시겠습니까? 많은 사람들이 도박의 이득이 손실 가능성(10만 원)의 두 배(20만 원) 정도는 되어야 참여하겠다고 답했습니다. 몇몇 실험을 통해 추정된 손실 회피율(이득÷손실)은 평균적으로 1.5~2.5배였습니다. 다시 말해 10만 원을 잃을 수 있는 게임이라면 이길 때 보상이 15만~25만 원은 되어야 한다는 이야기입니다.

경제학자들도 헷갈린 알레의 역설

1952년 프랑스 파리에서 위험에 관한 경제학을 논의하기 위한 회의가 열렸습니다. 미국 쪽에서는 나중에 노벨 경제학상을 수상한 폴 새뮤얼슨, 케네스 애로, 밀턴 프리드먼 등 쟁쟁한 학자들이 참석했습니다. 회의 주최자 중에 모리스 알레라는 프랑스 경제학자가 있었습니다. 주류 경제학의 기대 효용 이론에 비판적이었던 알레는 회의에 모인 유명 인사들을 대상으로 간이 실험을 했습니다. 다음 중 무엇을 선택하겠느냐고 질문을 던진 것입니다.

> ① 52만 달러를 탈 확률 61퍼센트, 50만 달러를 탈 확률 63퍼센트
> ② 52만 달러를 탈 확률 98퍼센트, 50만 달러를 탈 확률 100퍼센트

대부분의 참석자들은 ①에서는 전자를 고르고 ②에서는 후자를 골랐습니다. 기대 효용 이론을 신봉하는 저명한 경제학자들조차 이처럼 엇갈린 답을 했다고 합니다. 기대 효용 이론에 따르면 선호는 일관돼야 하는데 엇갈려 골랐으니 합리적 선택의 규칙에 어긋나는 것입니다. 왜 그런지 살펴봅시다.

①에서 전자를 선호한 것은 확률의 차이(61퍼센트와 63퍼센트)가 미미하기에 이겼을 때 상금의 차이(52만 달러와 50만 달러)를 더 인상적으로 보았기 때문입니다. 문제는 그다음입니다. ①에서 전자를 골

랐다면 ②에서도 전자를 선택해야 논리적으로 맞습니다. 전자의 확률 변화(61퍼센트 → 98퍼센트)와 후자의 변화(63퍼센트 → 100퍼센트)가 같고 전자는 52만 달러, 후자는 50만 달러를 벌어 주니까 당연히 그래야 할 것입니다. 하지만 사람들은 대부분 후자를 골랐습니다. 상금의 차이보다는 확률이 훨씬 매력적으로 보였기 때문입니다. 61퍼센트와 63퍼센트, 98퍼센트와 100퍼센트는 똑같이 2퍼센트포인트 차이이지만 ②에서 100퍼센트 확률은 확실히 이긴다는 것을 의미하기에 끌린 것입니다.

알레는 사람들이 기대 효용 이론에 어긋나게 금액이 적더라도 확실한 것을 선호하고 과대평가하는 현상을 확실성 효과(certainty effect)라고 명명했습니다. 나중에 학자들은 발견자의 이름을 따 알레의 역설(Allais paradox)로 더 많이 부르고 있습니다.

알레의 역설은 사람들이 확률을 수치 그 자체로 받아들이지 않고 나름의 가중치를 부여해 해석한다는 것을 보여 줍니다. 나는 이런 관점을 토대로 도박에 대한 사람들의 선호도를 설명하는 결정 가중치(decision weight)를 연구했습니다. 결정 가중치란 확률 수준에 따라 달라지는 사람들의 주관적 확률을 의미합니다.

가중치
개별 항목에 중요도를 부여하는 것을 뜻합니다.

〈표 4-1〉 결정 가중치

확률 (퍼센트)	0	1	2	5	10	20	50	80	90	95	98	99	100
결정 가중치	0	5.5	8.1	13.2	18.6	26.1	42.1	60.1	71.2	79.3	87.1	91.2	100

〈표 4-1〉을 보면 불가능을 의미하는 0퍼센트와 확실한 100퍼센트라는 극단적 상황에서는 결정 가중치와 확률이 동일합니다. 그러나양 끝 지점 근처에서의 확률은 결정 가중치와 큰 차이를 보입니다. 확률 2퍼센트일 때 결정 가중치는 8.1입니다. 합리적 선택 규칙에 따른다면 2퍼센트는 2가 되어야 하는데 말입니다. 알레의 실험에서 보듯이 확률 98퍼센트는 뒤집어 보면 받지 못할 위험이 2퍼센트 있다는 것을 의미하므로, 도박의 효용성(결정 가중치)은 100에서 87.1로약 13이나 낮아집니다. 그러나 확률의 중간 지대에서는 반응이 무덤덤해집니다. 5~95퍼센트 사이의 확률 범위에 대응할 수 있는 결정가중치는 13.2~79.3으로 본래 확률보다 훨씬 범위가 좁습니다. 확률의 변화만큼 사람들이 느끼는 주관적 확률은 덜 변한다는 이야기입니다.

결정 가중치를 토대로 확률 가중 함수의 그래프를 그려 보면 역(逆) S자형이 됩니다. 기대 효용 이론에 따르면 효용 함수는 45도 각도의 직선(〈그림 4-4〉의 점선)으로 나타나게 됩니다. 하지만 확률 가중 함수는 대략 0~35퍼센트까지는 위로 볼록하고 그 이상에서는 아래로 볼록한 형태가 됩니다. 즉, 확률이 낮은 수준일 때는 실제 확률보다 가능성을 과대평가하고 중간 이상의 높은 확률에서는 실제 확률보다 과소평가한다는 이야기입니다.

이런 현상은 사람들이 확률(p)을 확실한 것(p=100퍼센트), 가능성있는 것(0퍼센트<p<100퍼센트), 불가능한 것(p=0퍼센트)으로 구분해판단하기 때문에 나타납니다. 시스템 2가 아닌 시스템 1이 작동한

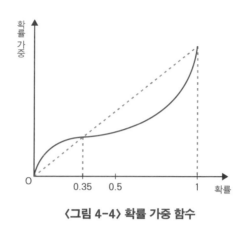

세로축: 확률 가중

가로축: 0.35 0.5 1 확률

〈그림 4-4〉확률 가중 함수

결과입니다. 확률 가중 함수는 위험에 대한 사람들의 반응에서도 확인할 수 있습니다.

위험에 주의를 기울이다 보면 걱정이 찾아오게 마련입니다. 그래서 사람들은 자신의 결정 가중치에 걱정의 정도를 반영합니다. 가능성 효과 때문에 걱정은 위험이 생길 실제 확률에 비례하지 않습니다. 이때 위험을 줄이거나 완화하는 것만으로는 부족합니다. 걱정을 없애려면 그 확률이 0퍼센트가 되어야만 합니다. 다음 문제는 1980년대 경제학자들로 구성된 연구 팀이 발표한 건강 위험 가치 평가의 합리성 연구를 각색한 것입니다. 이 조사는 어린아이를 둔 부모들을 대상으로 실시됐습니다.

• 당신은 현재 1병당 10달러인 살충제를 사용 중이다. 살충제 1만 병당 15건의 독성 물질 흡입 중독과 15건의 어린이 중

독 사고를 일으킨다고 가정해 보자.

- 당신은 위 두 위험을 1만 병당 각각 5건으로 줄여 주는 더 고가의 살충제가 있다는 것을 알게 됐다. 살충제 구입에 얼마를 더 쓸 의사가 있는가? 또 위험을 완전히 제거하기 위해선 얼마를 더 지불하겠는가?

부모들은 중독 사고를 1만 병당 15건에서 5건으로 3분의 2를 줄이기 위해 평균 2.38달러를 추가로 지불하겠다고 답했습니다. 또 중독 위험을 완전히 없앨 수만 있다면 이 돈의 세 배가 넘는 8.09달러를 지불할 의사를 나타냈습니다. 위험 확률을 0으로 만드는 데에는 확실히 웃돈을 지불할 용의가 있음을 보여 줬습니다. 이런 웃돈은 걱정 심리를 설명하지만 주류 경제학의 합리적 모델에는 들어맞지 않습니다.

나는 이런 선호도를 4중 패턴(〈표 4-2〉 참조)으로 정리했습니다. 확률이 낮을 때는 이득에 대해 위험 추구, 손실에 대해 위험 회피가 되고, 반대로 확률이 높을 때는 이익에 대해 위험 회피, 손실에 대해 위험 추구가 됩니다. 이때 따고 잃는 돈이 1,000만 원쯤 된다고 가정해 봅시다.

다음에 제시된 〈표 4-2〉에서 세 가지는 우리가 이미 살펴본 것들입니다. 왼쪽 위는 손실 회피성을 보여 줍니다. 큰 이익을 얻을 충분한 기회가 있을 때는 위험을 피하려 합니다. 왼쪽 아래는 가능성 효과로 복권이 인기를 끄는 이유를 설명합니다. 사람들이 복권과 함께 얻는 것은 즐겁게 꿈꿀 권리를 갖는 것입니다. 당첨금이 천문학적인 숫자라면 당첨 확률이 아무리 낮아도 사람들은 신경 쓰지 않게 됩니다. 오른쪽 아래는 보험에 가입하는 이유가 됩니다. 사람들은 보험에 기댓값 이상의 돈을 지불합니다. 이때 기댓값은 보험 회사들이 보험금을 지급하고도 이익을 남기는 수준으로 설정됩니다. 발생 가능성이 낮은 사건에 대비해 보험을 구입하는 것은 걱정을 팔고 마음의 평화를 사는 것입니다.

> **기댓값**
> 어떤 사건이 일어날 때 얻게 되는 것과 그 사건이 일어날 확률을 곱하여 얻어지는 가능성을 의미합니다.

〈표 4-2〉 선호도의 4중 패턴

구분	이득	손실
높은 확률 (확실성 효과)	- 돈을 딸 확률 95퍼센트 - 5퍼센트 확률로 실망할 두려움 - 위험 회피	- 돈을 잃을 확률 95퍼센트 - 5퍼센트의 행운으로 손실 회피 기대 - 위험 추구
낮은 확률 (가능성 효과)	- 돈을 딸 확률 5퍼센트 - 5퍼센트 행운으로 대규모 이익 기대 - 위험 추구	- 돈을 잃을 확률 5퍼센트 - 5퍼센트 불운으로 대규모 손실 우려 - 위험 회피

사람들에게 낯선 것은 오른쪽 위의 경우입니다. 복권을 선호하는 왼쪽 아래를 제외하고는 대개 위험 회피의 관점에서 생각하는데 이 경우에는 위험 추구적이 되기 때문입니다. 오른쪽 위의 사례는 두 가지 이유가 있습니다. 첫째는 민감도 체감성과 연관이 있습니다. 거의 손실이 확실시된다면 사람들은 도박을 선호한다는 것입니다. 둘째는 확률에 대한 주관적 판단, 즉 결정 가중치입니다. 질 확

률 95퍼센트에 상응하는 결정 가중치는 79.3에 불과합니다. 비록 이길 확률이 5퍼센트에 불과하지만 이 5퍼센트의 확률은 결정 가중치 20.7로 받아들여져 훨씬 크게 느껴집니다. 사람들이 도박에 뛰어드는 이유입니다. 사람들은 실패를 수용하는 것보다는 질 게 뻔한 게임이라도 일단 해 보자는 쪽으로 마음이 바뀌는 것입니다.

사람들은 왜 로또를 살까

요즘에도 로또는 여전히 인기가 높습니다. 로또의 1등 당첨 확률은 814만 5,060분의 1입니다. 매주 1만 원어치(10게임)씩 로또를 산다 해도 약 1만 6,000년에 한 번 당첨될까 말까 한 확률입니다. 오죽하면 평생 한 번도 아니고 두 번 벼락을 맞을 확률보다 낮다고 할 정도입니다. 더구나 1,000원짜리 로또의 기댓값은 500원에 불과합니다. 판매액의 50퍼센트만 당첨금으로 지급하고 나머지는 복권 기금과 운영 회사 수익, 판매점 수수료로 돌아가기 때문입니다. 그렇다면 로또를 사는 순간 500원의 손해를 보고 들어가는 것인데, 합리적이라는 사람들이 왜 로또를 살까요?

프로스펙트 이론은 이런 모순을 잘 설명해 줍니다. 1,000원을 배팅해 1,000원을 딸 확률과 잃을 확률이 반반인 내기에 흥미를 느낄 사람은 없습니다. 기댓값이 0이기 때문입니다. 하지만 당첨 가능성은 극히 희박하지만 1,000원을 걸었는데 억세게 운이 좋으면 20억

~30억 원쯤 받을 수도 있다면 완전히 달라집니다. 당첨됐을 때의 이익이 워낙 크기 때문에 사소한 변화(주머니에서 1,000원이 줄어드는 것)쯤은 신경 쓰지 않는 것입니다. 이때 당첨 확률은 중요하지 않습니다. 아무리 확률이 낮아도 사람들은 각자 자신에게만 일어날 수 있는 일인 양 특별한 의미를 부여하는 심리가 있습니다. 근거 없는 과잉 낙관주의입니다. 예를 들어 지구가 멸망해도 나는 살아남을 것 같은 심리입니다.

가능성이 제로(0)에 가까운 확률에도 로또를 사는 것은 확률을 수치로 받아들이지 않고 직감적으로 확실, 불가능, 가능성 등 세 가지로 나눠 판단하기 때문입니다. 게다가 로또 1등 확률은 아무리 낮아도 0퍼센트보다는 높습니다. 0.0001퍼센트라도 1등에 당첨될 확률이 존재합니다. 가능성이 매우 낮은 결과에 원래 받아야 마땅한 수준 이상으로 가중치를 부여하는 심리를 가능성 효과(possibility effect)라고 부릅니다. 반대로 95퍼센트 확률은 100퍼센트에 거의 근접했지만 그렇다고 완전히 확실하게 결과를 얻을 수 있는 것은 아닙니다. 거의 확실한 결과임에도 그 확률 수준에 비해 가중치는 낮게 부여됩니다. 바로 확실성 효과 탓입니다.

그러면 이익이 아니라 손실을 볼 확률이 극히 낮은 경우에는 어떨까요? 이때는 도박을 하려는 심리와는 정반대로 위험 회피적인 행동을 보입니다. 예컨대 감염 확률은 희박하지만 광우병에 걸릴까 봐 10여 년간 단 4건의 발병 사례만 보고된 미국산 소고기를 기피하는 행동을 설명할 수 있습니다. 또한 쓰나미는 일본에서도 매우 드문 재난이지만 한번 터졌을 때 참상이 너무 생생하고 강력하기에 여행객들은 쓰나미 발생 확률을 과대평가하는 경향이 있습니다. 이것은 두 번째 수업에서 설명한 가용성 휴리스틱과도 연결됩니다.

인간이 직면하는 무수한 불행한 환경은 〈표 4-2〉의 오른쪽 위의 상황에서 전개됩니다. 나쁜 상황에 처한 사람들은 거대한 손실을 피하려는 일말의 기대를 품고 절박한 도박에 뛰어듭니다. 그로 인해 사태가 더 악화될지라도. 이런 종류의 위험 추구는 종종 통제할 수도 있는 실패 상황을 재난의 수준으로 전락시킬 수 있습니다. 대규모의 확실한 손실을 수용한다는 것은 지나치게 고통스럽기에 적은 확률이나마 안도감을 얻을 수 있다는 희망이 더 매력적으로 보이는 것입니다.

복권을 사는 심리는 테러를 바라보는 심리와 유사합니다. 테러는 아주 이례적인 사건이지만 그로 인해 목격한 죽음과 파괴의 이미지는 너무나 생생합니다. 두 번째 수업에서 설명한 가용성 폭포를 유발하는 것입니다. 복권 당첨이나 폭탄 테러 가능성은 둘 다 엄청나게 낮습니다. 하지만 오직 가능성만 중요할 따름입니다. 프로스펙트 이론에 의하면 매우 이례적인 사건은 무시되거나 매우 중대하게 다뤄집니다. 그래서 사람들이 결정할 때는 이례적인 사건에 과도한 가중치를 부여하는 경향이 있습니다. 희박한 당첨 확률에도 로또를 사는 이유입니다. 과도한 가중치는 과대평가와는 차이가 있지만 둘 다 똑같이 관심 집중, 확증 편향, 인지적 편안함 등의 심리 메커니즘이 개입됩니다. 이는 시스템 1의 영향 때문입니다.

이례적 사건에 대해 과도한 가중치를 부과하는 사례는 많습니다. 심리학자 크레이그 폭스는 미국 NBA 프로 농구 팬들에게 플레이오프에 오른 8개 팀의 우승 확률을 각각 추정하도록 실험했습니다. 그런데 팬들이 매긴 8개 팀의 우승 확률을 모두 합치니 240퍼센트에 달했습니다. 우승 확률을 다 합치면 100퍼센트가 되어야 정상인데 240퍼센트는 누가 봐도 불합리한 결과입니다.

하지만 같은 팬들에게 우승 팀이 동부 컨퍼런스와 서부 컨퍼런스 중 어디에서 나올 것 같으냐고 묻자 그런 경향이 사라졌습니다. 중심 사건과 이를 대체할 사건이 질문에 구체적으로 들어 있었기에 팬들의 확률 판단의 합계는 100퍼센트가 되었습니다.

폭스는 결정 가중치를 알아보기 위해 팬들에게 각 내기에 상응하는 현금을 걸게 했습니다. 내기에 이기면 160달러를 벌 수 있는데 8개 팀에 걸린 현금은 총 287달러였습니다. 8개 팀 모두에 건 참가자라면 127달러의 손해를 보는 셈이 된 것입니다. 상금이 160달러를 넘지 못한다는 것을 알면서도 과도한 가중치를 부여한 결과입니다.

사람들이 특정 사건의 결과를 예상하려고 애쓸 때면 성공적인 계획 실행은 구체적이고 상상하기 쉽지만, 실패는 분산되어 있기 때문에 성공만큼 잘 감지하지 못합니다. 자신의 예측에 대해 기업인이나 투자자는 기회를 과대평가하고 추정치에 과도한 가중치를 매기는 경향을 보이는 것입니다.

대상의 생생함, 개연성, 상상하기 편리함 등도 결정 가중치를 높이는 역할을 한다는 사실이 여러 관찰에서 확인됐습니다. 여기 두 개의 상자가 있습니다. 실험에 참가한 학생들은 그중 하나를 골라 탁구공을 꺼내는데 빨간 공이 나오면 이기는 게임입니다. 여러분이라면 어떤 상자를 고르겠습니까?

- A 상자: 10개의 탁구공 중 1개가 빨간색
- B 상자: 100개의 탁구공 중 7개가 빨간색

승률은 A 상자가 10퍼센트, B 상자가 7퍼센트입니다. 사람들이 쉽게 올바른 선택을 할 것 같지만 실제로는 그렇지 못했습니다. 학생들의 30~40퍼센트는 승률이 높은 쪽(A 상자)보다 이길 수 있는 빨간 공이 많은 쪽(B 상자)을 택했습니다.

이처럼 확률의 분자(발생 빈도)에만 관심을 두고 분모(기저율)에는 무감각해지는 심리 현상을 분모 무시(denominator neglect)라고 합니다. 이기는 빨간색 공에만 관심이 쏠린 사람은 이기지 못하는 공의 숫자에는 똑같이 관심을 두지 않습니다. 빨간 공의 명확하고 생생한 이미지가 가능성 효과를 높여 더 확실하게 여겨집니다.

반대로 확실성 효과 관점에서도 마찬가지입니다. 흰 공을 뽑으면 지는 게임일 경우 이길 확률이 90퍼센트라면 100개 중 10개나 10개 중 1개나 확률은 같습니다. 하지만 지게 만드는 흰색 공 10개는 1개일 때보다 훨씬 도드라져 보일 것입니다.

분모 무시라는 개념은 위험 전달 방법에 따라 그 효과가 크게 달라지는 이유를 설명할 수 있습니다. 발생 확률이 낮은 사건은 위험,

개연성 같은 추상적인 용어나 퍼센트로 묘사될 때보다 횟수(상대적 빈도)로 묘사될 때 훨씬 높은 가중치가 부과됩니다. 예를 들어 에이즈 치사율을 0.01퍼센트 대신 1만 명당 1명이라고 표현하면 훨씬 강하게 느낌이 옵니다. 이 경우 사람들은 에이즈에 걸린 1명의 처참한 모습을 머릿속으로 상상하며 혐오하게 됩니다.

뭐든 남 주기 아까운 이유

절친한 동료인 리처드 탈러는 1970년대 초반 보수적이기로 유명한 로체스터 대학교 경제학과 대학원생이었습니다. 예리한 위트를 즐겼던 탈러는 당시 경제학의 합리적 행동 모델로는 설명할 수 없는 관찰 결과들을 수집하기를 즐겼습니다. 그는 특히 근엄한 교수들의 경제적 비합리성을 찾아내는 데 쾌감을 느꼈습니다.

탈러는 세련된 와인 마니아이자 주류 경제 이론의 신봉자인 R 교수가 수집한 와인을 1975년 당시로선 거액인 100달러를 제시받고도 잘 팔려 하지 않는다는 사실을 알게 됐습니다. 하지만 R 교수는 와인을 살 때는 병당 35달러 이상 지불하는 법이 없었습니다. 스스로 와인 가치를 100달러로 본다면 그것을 소유하기 위해 100달러를 지불할 의사를 보여야 경제 이론에 맞습니다. 그런데 실상은 최소 판매 가격(100달러)이 최대 구매 가격(35달러)보다 월등히 높았습니다. R 교수와 같은 행동을 탈러는 소유 효과(endowment effect)라고 명명했습니다. 어떤 대상의 가치가 그것을 소유하고 있는지 여부에 따라 달라지는 현상입니다. 기존 경제 이론으로는 풀 수 없는 수수께끼입니다.

이 수수께끼는 프로스펙트 이론의 손실 회피성으로 설명할 수 있습니다. R 교수가 와인을 팔 때의 고통은 와인을 살 때 얻는 즐거움보다 더 크기 때문입니다. 가치 함수 그래프를 떠올려 보면 이해하기 쉽습니다. 원점 아래에서의 가치 함수 그래프는 원점 위보다 기울기가 훨씬 가파릅니다. 손실에 대한 반응이 똑같은 크기의 이익을 얻었을 때의 반응보다 훨씬 크다는 의미입니다.

나는 탈러의 소유 효과를 검증하기 위해 머그잔 실험을 했습니다. 머그잔의 가치는 6달러 정도입니다. 학생들을 무작위로 두 그룹으로 나눠 A 그룹에는 머그잔을 나눠 주고 B 그룹에게는 자기 돈으로 머그잔을 사도록 했습니다. 그랬더니 A 그룹이 팔겠다는 가격은 평균 7.12달러인 반면 B 그룹이 사겠다는 가격은 2.87달러에 불과했습니다. A 그룹이 높은 가격을 제시한 것은 이미 소유한 머그잔을 포기하기 싫다는 심리입니다. 이처럼 판매 가격과 매수 가격의 격차는 다양한 연구 실험에서 대략 2 대 1의 비율로 나타났습니다.

행동 경제학자 잭 넷치의 실험에서도 소유 효과를 입증하는 비슷한 결과가 나왔습니다. 학생들을 세 그룹으로 나눠 재미없는 설문지를 작성하게 한 뒤 끝낸 학생들에게 선물을 줬습니다. A 그룹에는 머그잔을, B 그룹에는 초콜릿바를 주고 각자 다른 선물로 교환할 수 있다고 알려 줬습니다. 그랬더니 A 그룹 학생 가운데 89퍼센트가 머그잔을, B 그룹에선 90퍼센트가 초콜릿바를 그대로 갖겠다고 답했습니다. 바꾸기를 원한 학생은 두 그룹 모두 10퍼센트에 불과했던 것입니다.

넷치는 C 그룹의 학생들에게는 실험을 약간 변형해 설문지 작성 전에 머그잔과 초콜릿바 중에서 고르도록 했습니다. 머그잔을 고른 학생이 56퍼센트, 초콜릿바는 44퍼센트였습니다. 학생들이 특별히 선호하는 것은 없었다는 이야기입니다. 그럼에도 A 그룹이나 B 그룹 학생들 대부분이 자기가 가진 것을 바꾸려 하지 않았습니다.

흥미로운 사실은 실험 경제학자 존 리스트가 트레이더를 대상으로 넷치와 똑같은 실험을 했는데 트레이더의 48퍼센트가 선물을 교환할 의사를 내비친 것입니다. 하루에도 수십 번씩 매매할 만큼 거래 경험이 많은 트레이더들은 똑같은 실험인데도 소유 효과를 전혀 드러내지 않았습니다.

소유 효과가 모든 상황에 적용되는 보편적인 현상은 아닙니다. 예컨대 5,000원짜리 지폐 한 장을 1,000원짜리 다섯 장으로 바꿔 달라는 부탁에는 대체로 기꺼이 응할 것입니다. 신발을 살 때도 R 교수처럼 심한 손실 회피 현상이 나타나지 않습니다. 돈을 받고 신발을 내주는 상인도 손해라고 느끼지 않습니다.

하지만 자신이 정말 좋아하는 유명 밴드의 공연 입장권이 매진됐다면, 자신이 20만 원을 주고 산 입장권을 누군가가 50만 원에 팔라고 부탁해도 안 팔 것입니다. 이미 소유한 이득은 그 사람에게는 매우 중요한 기본 가치가 되기 때문입니다. 사용할 재화와 거래할 재화 사이에는 소유 효과 측면에서 큰 차이가 있다고 할 수 있습니다.

이런 사례는 선택의 두 가지 측면을 보여 줍니다. 첫째, 취향은 고정되지 않고 기준점과 함께 변합니다. 둘째, 변화의 단점이 장점보다 커 보이기 때문에 현재 상태를 선호하는 편향이 만들어집니다. 이런 심리 현상을 현상 유지 편향(status quo bias)이라고 합니다. 지금 상태가 특별히 나쁘지 않은 한 그대로 유지하려는 것입니다.

직장이 마음에 안 들어도 계속 다니는 것이 대표적인 사례입니다. 직장을 바꾸기가 쉬운 것도 아니고, 설사 바꾸더라도 새 직장에서 좋아질 가능성과 나빠질 가능성이 함께 도사리고 있기에 그냥 남아 있는 것입니다. 패키지 관광을 간 사람들이 버스에서 내렸다 탈 때 처음 앉은 자리에 계속 앉는 것이나, 좋아하는 브랜드의 상품을 계속해서 사는 것도 현상 유지 편향의 결과입니다. 이런 점에서 닻 내림 효과와도 연관이 있습니다.

사람을 포함해 동물은 이득을 얻기보다는 손해를 입지 않기 위해 열심히 싸웁니다. 다시 말해 현재 상태를 지키는 데 더 치열하다는 이야기입니다. 텃세를 부리는 동물의 세계에서 특정 지역의 소유자가 경쟁자의 도전을 받을 경우 대부분 소유자가 승리합니다. 인간 세상에서도 마찬가지입니다. 개혁은 언제나 승자와 패자들을 낳지만 잠재적 패자들은 잠재적 승자들보다 훨씬 적극적이고 결연한 모습을 보이게 마련입니다. 따라서 개혁의 결과는 퇴출 가능성이 높은 잠재적 패자들에게 유리하게 작용해 당초 계획보다 돈은 더 많이 들고 효과는 덜한 결과를 낳게 됩니다.

예를 들어 기업이 구조조정을 할 때는 기존 근로자의 해고보다는 자연 감소를 통한 감원이나 향후 입사할 신입 사원에 대한 임금과 복지 혜택 삭감이 더 쉽습니다. 위험 회피성은 조직이나 개인 모두 현재 상태가 최소한도로 변하는 것을 선호하게 만드는 강력하고 보수적인 힘이 됩니다. 이런 보수성이 사회생활의 안정감을 유지할 수 있도록 돕는 긍정적인 효과도 있습니다. 우리는 중력에 이끌리듯 기준점 주위에 함께 모여서 생활한다고 해도 과언이 아닙니다.

사랑은 움직이는 거야

"사랑이 어떻게 움직이니?" "사랑은 움직이는 거야!"

10여 년 전 한 휴대폰 회사의 광고 카피입니다. 번호 이동을 통해 오래 이용한 통신사를 바꾸라는 내용인데, 당시에는 꽤 호소력 있게 들렸습니다. 사람의 마음은 사실 변덕스럽습니다. 어제 좋았던 게 오늘은 싫어질 수도 있고 그 반대의 경우도 있습니다.

하지만 주류 경제학에선 동일한 조건이면 사람의 선호는 바뀌지 않는다고 전제합니다. 선호는 선택의 기반이 되며 일관성이 있고 웬만해서는 달라지지 않는다고 봅니다. 라면보다 자장면이 좋고 자장면보다 스파게티를 좋아한다면 라면보다 스파게티를 좋아하는 것은 당연합니다. 이런 경우를 선호의 이행성(preference transitivity)이라고 합니다. 선호가 일정하다는 의미입니다. 하지만 과연 사람의 선호가 일관성이 있을까요?

심리학자들의 연구 결과는 달랐습니다. 폴 슬로빅과 사라 리히텐슈타인은 내기에 대한 선호를 주제로 실험을 했습니다. 간단히 정리하면 다음과 같습니다.

- 내기 A: 160달러를 딸 확률 11/36, 15달러를 잃을 확률 25/36
- 내기 B: 40달러를 딸 확률 35/36, 10달러를 잃을 확률 1/36

이럴 때 사람들은 대개 B를 선택합니다. 선택해야 할 경우에는 안전하고 확실한 이익, 즉 돈을 받을 가능성에 더 민감하기 때문입니다. 그렇다면 여러분은 각각의 내기에 최소 얼마를 걸겠습니까?

내기에 돈을 걸 때는 내기에서 벌 수 있는 금액에 민감해집니다. 사람들이 매긴 A의 최저 가격은 오히려 B보다 높았습니다. 평소 같으면 사람들이 A보다 B를 선택하겠지만 둘 중 하나를 소유한다고 상상할 때는 오히려 A에 더 높은 가치를 부여합니다. 이것이 바로 선호 역전(preference reversal)입니다.

선호 역전은 심리학자와 경제학자 사이에 중요한 논쟁거리였습니다. 경제학에서 상정하는 합리적 경제 행동의 주체라면 선호 역전에 민감하지 않습니다. 하지만 심리 실험에서는 분명히 선호 역전이 수없이 확인됩니다. 이는 경제학에 대한 도전이기도 했습니다. 일군의 경제학자들은 리히텐슈타인과 슬로빅의 실험을 뒤집기 위해 연구했습니다. 하지만 결론은 심리학자들이 옳았다는 것이었습니다. 개인의 선택은 그 선택을 하는 맥락에 따라 결정되기 때문이었습니다.

또한 시간의 경과에 따라서도 선호 역전이 일어날 수 있습니다. 오늘 라면과 스파게티 중 무엇을 먹겠냐고 하면 대다수가 스파게티를 고르겠지만, 지금 당장 라면을 먹는 것과 두 달 뒤 스파게티 식사 쿠폰 가운데 고르라고 하면 거꾸로 전자를 고르는 사람들이 많을 것입니다. 주류 경제학에서는 시간은 대개 무시하고 단지 재화 소비량으로 효용을 평가합니다. 하지만 사람들의 마음은 정말 그때그때 달라집니다.

효용은 자신이 처한 처지에 따라 각각 달라질 수 있습니다. 처지에 따라 이익인지 손실인지 따지는 범위도 달라지지요.

> 내가 돌멩이 하나 던져도 티도 안 나는구나!

사람의 판단 기준은 절대적이 아니라 상대적입니다.

> 와, 배부르다.

> 이 정도는 먹어야지.

> 위험 요소가 있는 상황에서 사람들이 어떤 선택을 내리는지에 관한 연구가 프로스펙트 이론이지요.

> 에잇, 또 꽝이네. 그래도 다음 주엔 혹시?

> 이익을 얻을 확률이 아주 적은데도 사람들이 복권을 구입하는 이유를 이젠 아시겠죠?

주류 경제학에서 간과했던 사람의 '마음'을 이해한다면 선택 또한 이해할 수 있을 겁니다.

마음속 생각의 틀 :
프레이밍 효과

세상을 보는 '생각의 틀'에 따라 우리가 보는 세상은 각
각 다를 것입니다. 누구나 자신만의 틀을 가지고 있지요.
이는 각자의 판단과 선택에도 큰 영향을 미치는데 같은
상황을 다르게 받아들이게 하는 생각의 틀에 대해서 알
아봅시다.

한국이 이겼다 vs 일본이 졌다

마지막 수업은 프레임(frame)에 관한 것입니다. 프레임은 창틀 또는 액자 아니냐고요? 네, 맞습니다. 내가 말하려는 프레임은 세상을 보는 '생각의 틀'입니다. 사람은 누구나 마음속에 자신만의 프레임을 갖습니다. 또한 어떤 틀로 세상을 보느냐에 따라 그때그때 달라 보이고 선택도 달라지지요. 흔히 프레임은 컵에 담긴 물로 비유됩니다. 컵에 물이 반쯤 담겨 있을 때 어떤 사람은 '반이나 남았다'고 하고, 어떤 사람은 '반밖에 안 남았다'고 여깁니다. 똑같은 대상을 이렇게 다르게 받아들이는 프레임은 각자의 판단과 선택에도 영향을 미쳐 그야말로 하늘과 땅 차이의 결과를 가져옵니다.

2012 런던 올림픽의 축구 3, 4위전에서 한국이 일본을 2 대 0으로 완파했죠. 나도 그 경기를 봤는데 한국 대표 팀이 참 잘하더군요. 그

런데 한국 신문의 헤드 타이틀은 "한국이 이겼다"인데 일본 신문의 타이틀은 "일본이 졌다"였습니다. 똑같은 사건을 전하는데 신문 타이틀이 판이하게 달랐습니다. 이런 게 바로 프레임입니다.

한국인의 프레임에서는 한국의 승리로만 보았을 것이고, 일본인의 프레임은 일본의 패배에 초점을 맞추게 되어 있지요. 나처럼 제3자인 다른 나라 사람들이 보았을 때는 한국의 승리나 일본의 패배가 같은 느낌이지만 당사국 국민들에게는 결코 같을 수 없습니다. 따라서 내용이 같은 문장이라도 감정적으로는 전혀 다른 반응을 일으키게 됩니다. 감정에 민감한 인간이 호모 이코노미쿠스(경제적 인간)처럼 차분하고 논리적일 수는 없기 때문이죠.

나와 트버스키는 표현이 사람들의 선호에 미치는 부당한 영향을 프레이밍 효과(framing effect)라고 명명했습니다. 어떻게 표현하느냐에 따라, 또 보는 관점에 따라 사람들의 판단이나 선택이 달라지는 현상을 가리킵니다. 신기하게도 한국 속담에도 프레이밍 효과와 딱 맞아떨어지는 것들이 있더군요. "아 다르고 어 다르다"가 바로 그것입니다. "개 눈에는 똥만 보인다"도 프레이밍 효과와 연관이 있습니다. 표현을 살짝 바꿀 때 받아들이는 사람의 감정이 달라지고, 세상을 어떤 눈으로 보느냐에 따라 완전히 다르게 보일 수도 있다는 이야기입니다.

다음 두 문장을 볼까요.

① 95달러를 딸 확률이 10퍼센트이고 5달러를 잃을 확률이

90퍼센트인 도박을 하겠는가?

② 100달러가 당첨될 확률이 10퍼센트이고 아무것도 당첨되지
않을 확률이 90퍼센트인 복권을 5달러에 사겠는가?

이 질문은 리처드 탈러의 영향을 받아 만든 것입니다. 탈러는 대학
원에 다닐 때 "비용은 손실이 아니다"라고 적힌 카드를 메모판에 붙
여 놓았다고 말해 주었습니다. 충분히 시간을 갖고 생각해 보면 두
질문이 논리적으로 같은 것을 묻고 있다는 사실을 알 수 있습니다.
95달러를 딴다는 것이나 5달러 복권으로 100달러에 당첨된다는 것
이나 결과는 같습니다. ①과 ② 모두 10퍼센트의 확률로 95달러를 따
거나 90퍼센트의 확률로 5달러를 잃게 됩니다. 묻는 표현 방식만 다
를 뿐입니다. 합리적인 현실주의자라면 두 질문에 같은 답을 하겠죠?
하지만 두 질문에 동일하게 답을 하는 사람이 매우 드물다는 것
을 발견했습니다. 실험 결과 ②를 선택한 응답자가 훨씬 많았던 것
입니다. 90퍼센트의 확률로 5달러를 잃는 것이나, 5달러에 산 복권
이 '꽝'이 될 확률이 90퍼센트인 것이나 결과가 똑같이 나쁜 것입니
다. 그런데 실망스런 결과는 같더라도 단순히 도박에서 돈을 잃는다
(손실)는 ①의 표현보다는 ②처럼 당첨되지 못한 복권 가격(비용)으
로 프레임이 형성될 때 사람들은 쉽게 받아들입니다. 내가 항상 강
조하듯이 손실은 비용보다 부정적 감정을 훨씬 강하게 불러일으키
기 때문이죠. 이렇듯 세상에는 경제적으로는 동등하지만 감정적으
로는 동등하지 않은 것들이 많습니다.

트버스키가 하버드 대학교 의사들과 수행한 다음 실험은 감정적 프레이밍이 어떻게 다른 판단을 내리는지를 보여 주는 고전적 사례로 꼽힙니다. 트버스키는 의사들에게 폐암 치료 수술과 방사선 치료의 5년 생존율(암 진단이나 치료 후 반복적인 검사로 5년간 생존한 사람들의 비율) 통계를 보여 줬습니다. 통계적으로 5년 생존율은 수술이 더 높지만 단기적으로는 수술이 방사선 치료보다 위험하다고 합니다. 한 그룹의 의사는 수술의 생존율 통계를, 다른 그룹은 사망률 통계를 보았습니다. 폐암 수술 결과에 대한 두 통계의 설명 내용입니다.

① 1개월 후 생존율은 90퍼센트다.
② 1개월 후 사망률은 10퍼센트다.

두 설명이 같다는 것쯤은 여러분은 금방 알아차릴 것입니다. 하지만 둘 중 하나만 보았을 때 어떻게 달라지는지 볼까요? 현실주의적인 의사라면 어떤 문장을 보았든지 상관없이(수술이든 방사선 치료든) 자신이 확신하는 진단을 내렸을 것입니다. 하지만 사망률을 강조한 ②번 통계를 본 의사들은 50퍼센트가 방사선 치료를 선호한 반면, 생존율을 부각시킨 ①번 통계를 본 의사들은 무려 84퍼센트가 수술을 선택했습니다. 전문가인 의사 집단도 같은 사안을 놓고 34퍼센트 포인트나 차이가 난 것입니다. 사람들은(훈련받은 의사들도) 사망은 나쁘고 생존은 좋다고 여깁니다. 10퍼센트의 사망률은 10명 중 1명이 죽는 슬픈 일이지만 90퍼센트의 생존율은 10명 중 9명을 살리는 기쁜 일이기에 받아들이기 쉬워집니다.

나와 트버스키가 프레이밍 효과를 연구하며 실시한 실험이 아시아 질병 문제입니다. 너무 유명해서 들어 본 분들도 많을 것입니다.

우리나라는 약 600명의 목숨을 앗아 갈 것으로 예상되는 이례적인 아시아 질병 발병에 대비하고 있다. 질병에 맞설 2개 프로그램의 과학적 결과 추정치는 다음과 같다.
프로그램 A 채택 시 200명의 목숨을 구할 것이다.
프로그램 B 채택 시 600명의 목숨을 구할 확률이 3분의 1, 모두 사망할 확률은 3분의 2이다.

실험 참가자의 과반수 이상이 프로그램 A를 골랐습니다. 도박(확률 게임)보다는 확실한 것을 선호한 것입니다. 이어 두 번째 실험에서는 프로그램의 결과를 다르게 프레이밍 해 보았습니다.

프로그램 A 채택 시 400명이 사망할 것이다.
프로그램 B 채택 시 죽지 않을 확률이 3분의 1이고 600명이 사망할 확률이 3분의 2이다.

두 차례 실험에서 프로그램 A와 프로그램 B는 결과가 동일한 것이었습니다. 하지만 두 번째 실험에서는 대다수가 프로그램 B를 선택했습니다. 사람들은 결과가 좋을 때는 확실한 것을 선택하고 결과가 나쁜 것은 도박을 선호하는 심리가 있는 게 확실해 보입니다. 즉, 결과가 나쁠 때는 손실을 피할 수 있는 확률에 더 주목하게 됩니다. 이런 현상은 앞서 설명한 프로스펙트 이론이나 휴리스틱의 특징인 손실 회피성에도 부합합니다.

스웨덴은 86퍼센트, 덴마크는 4퍼센트!

스웨덴과 덴마크는 북유럽 발트 해를 사이에 두고 마주 보고 있는 이웃 나라들입니다. 그런데 두 나라가 결정적으로 차이가 나는 게 있습니다. 바로 사망할 때 장기(臟器) 기증률의 차이입니다. 통상 운전면허증에 사고로 인해 사망할 때 장기를 기증하겠다는 의사를 표시해 놓습니다. 그런데 스웨덴은 장기 기증 의사가 있는 사람이 86퍼센트에 달하는 반면 덴마크는 장기 기증 의사를 밝힌 사람이 고작 4퍼센트에 불과합니다.

이뿐만이 아닙니다. 호주는 장기 기증률이 거의 100퍼센트에 달하고 프랑스, 오스트리아, 벨기에, 헝가리, 폴란드 등도 98퍼센트에 이릅니다. 반면 장기 기증률이 낮은 나라로는 일본 10퍼센트, 독일 12퍼센트, 영국 17퍼센트, 미국과 네덜란드 각각 28퍼센트 등입니다. 선진국 가운데 나라별로 이렇게 큰 차이가 나는 이유가 무엇일까요(편의상 장기 기증률이 높은 나라를 스웨덴형 국가, 낮은 나라를 덴마크형 국가라고 부릅시다)?

여기에 프레이밍 효과가 숨어 있습니다. 덴마크형 국가들은 유사시 장기를 기증하겠다는 본인의 의사 표시가 있어야만 장기 기증자로 간주합니다. 반면 스웨덴형 국가들은 본인이 장기를 기증하지 않겠다는 의사 표시가 없는 한 기증 의사가 있다고 보는 것입니다.

스웨덴처럼 기증을 원하지 않는 사람들이 자신의 거부 의사를 직접 표시하게 하는 것을 옵트아웃(opt-out: 선택적 거부), 덴마크처럼 기증 의사가 있을 때만 표시하는 것을 옵트인(opt-in: 선택적 동의)이라고 부릅니다(한국도 덴마크처럼 본인 의사가 있어야 운전면허증에 장기 기증을 표시하는 옵트인 제도를 채택하고 있습니다).

따라서 장기 기증률을 높이는 최선책은 굳이 표시하지 않아도 자동적으로 기증 의사가 있는 것으로 간주하도록 처음부터 제도를 정하는 것입니다. 이는 PC의 초기 설정(디폴트)과 유사합니다. 사람들은 대개 PC의 초기 설정을 그대로 사용합니다. 잘 모르기도 하거니와 PC 업체가 정해 준 것이니 그냥 받아들이는 것입니다. 마찬가지로 장기 기증자를 분류하는 초기 설정을 옵트아웃 방식으로 정해 놓으면 굳이 귀찮게 장기 기증 거부 의사를 표시할 사람이 크게 줄어들게 마련입니다.

처음에 어떻게 설정해 두느냐에 따라 사람들의 선택이 달라지는 현상을 초깃값 효과(initial value effect)라고 합니다. 초깃값을 그대로 수용하면 굳이 시간, 노력을 들일 필요가 없기에 선택의 비용이 줄어듭니다. 초깃값은 사람들이 선택하기 전에 주어지는 일종의 프레임입니다.

나는 장기 기증 사례가 인간의 합리성에 대한 논쟁에 중요한 시사점이 있다고 봅니다. 인간이 합리적 행동 주체라는 주류 경제학 모델의 신봉자는 어떤 선택의 표현일지라도 중요한 문제의 선호도를 좌우할 수는 없다는 생각을 당연시합니다.

하지만 합리성을 의심하는 회의론자들은 중요한 선택이 아주 하찮은 상황에 의해 통제될 수도 있다고 봅니다. 장기 기증과 같은 중요한 결정이라면 누구도 그런 식으로 결정하고 싶어 하지 않겠지만 현실에서는 흔히 벌어지는 현상입니다. 스팸 메일이나 스팸 문자 메시지도 마찬가지입니다. 수신하고 싶지 않으면 수신 거부 의사를 표시해야 하는데 여간 귀찮은 게 아닙니다. 그래서 우리의 이메일과 문자 메시지 함은 매일 스팸이 쌓입니다.

번 돈과 딴 돈은 다르다

- 질문 A: 입장권 가격이 5만 원인 콘서트장에 가서 입장권을 사려는데 5만 원짜리 지폐를 분실한 것을 알았다. 다시 5만 원을 내고 입장권을 사겠는가?
- 질문 B: 전날 5만 원을 주고 산 입장권을 갖고 콘서트장에 갔는데 입장권을 분실한 것을 알았다. 다시 5만 원을 내고 입장권을 사겠는가?

나와 트버스키가 실시한 실험입니다. 질문 A에서 참가자의 88퍼센트가 그렇게 하겠다고 한 반면, 질문 B에서는 46퍼센트만 예라고 답했습니다. 두 상황 모두 5만 원의 가치를 분실한 것은 똑같은데 결과는 거의 두 배 차이가 났습니다.

사람들은 돈에 관해 의사 결정을 할 때 상황에 따라 좁은 프레임을 만든 뒤 그 프레임 속에서 결정하는 경향이 있습니다. 리처드 탈러는 이런 프레임을 회계 장부에 빗대 심리 회계(mental accounting)라고 불렀습니다. 주부가 가계부를 쓸 때 식비, 주거비, 교육비, 문화비 등으로 세분하듯이 사람들은 마음속에 회계 장부를 만들어 자신의 선택들을 분류해 놓는 것입니다. 사람들은 소비, 저축 등의 의사 결정을 내릴 때마다 각 항목마다 심리 계좌(mental accounts)를 설정한 뒤 개별적으로 수입, 지출과 이익(흑자), 손실(적자) 등을 기록합니다.

5만 원을 주고 입장권을 산 행동은 마음속에 문화비라는 계좌를 만든 것과 같습니다. 질문 A의 현금 분실은 문화비 계좌에 영향을 미치지는 않습니다. 반면 질문 B에서 입장권을 분실해 다시 5만 원을 내고 입장권을 사야 할 때는 다릅니다. 콘서트를 보는 데 총 10만 원을 쓰는 셈이니 문화비로는 너무 과하다는 생각이 들어 주저하게 되는 것입니다. 다음은 탈러가 초기 논문에서 제시한 사례입니다.

광적인 야구팬 A와 B는 각각 50킬로미터를 운전해 야구를 보러 갈 계획을 세웠다. A는 돈을 내고 입장권을 샀고 B는 친구에게서 입장권을 공짜로 얻었다. 경기 당일 밤에 눈보라가 예보돼 있다. 둘 중 누가 눈보라를 뚫고 경기를 보러 갈 확률이 높을까?

답하기가 어렵지는 않습니다. 돈 내고 입장권을 산 A가 눈보라를 무릅쓰고 갈 확률이 훨씬 높을 것입니다. 눈보라로 경기를 놓치면 둘 다 실망이 크고 야구 관람이란 계좌는 적자인 채 폐쇄하게 됩니다. 그러나 돈을 내고 입장권을 산 A는 경기를 못 볼 뿐 아니라 수중의 돈까지 나갔기에 이중 손해로 여기게 됩니다.

카지노에서 자주 벌어지는 상황을 상상해 보면 심리 회계를 이해하기 쉽습니다. 한 남자가 룰렛 게임에서 1달러 칩을 숫자 7에 걸었는데 이겼습니다. 계속해서 게임을 이긴 그의 앞에는 수만 달러가 쌓였습니다. 자신의 행운에 감격해하며 마지막으로 한 게임만 더 하기로 결심하고 모든 칩을 다시 7번에 걸었습니다. 그러나 이번에는 모두 잃고 말았습니다. 그는 일어서며 혼잣말로 이렇게 말했을 것입니다. "흥, 고작 1달러 잃었네."

룰렛 게임
0에서 36까지 숫자를 적은 구멍 뚫린 원반을 돌리면서 구슬을 굴리다가 멈추었을 때 구슬이 들어간 구멍의 색이나 숫자로 이기고 짐을 결정하는 도박의 일종입니다.

그는 막판에 수만 달러를 날렸지만 마음속 회계 장부에는 단돈 1달러의 적자가 났을 뿐이라고 기록합니다. 도박에서 딴 돈을 마음속의 도박 계좌에 넣고 판단하기 때문입니다. 주류 경제학에서 설정한 합리적 인간이라면 도박에서 땄든 일해서 벌었든 같은 금액의 돈에는 같은 반응을 보여야 하지만 사람은 그렇지 못합니다. 같은 1달러라도 도박으로 딴 돈과 일해서 번 돈은 그 의미가 절대 같을 수 없습니다.

주식 시장의 개미 투자자들은 흔히 이익 난 주식은 팔고, 손해 난 주식을 팔기를 주저하다 더 큰 손해를 보는 경우가 많습니다. 이것은 손실 회피성과 함께 심리 회계의 영향도 크기 때문입니다. 투자자들은 자신이 산 주식 종목마다 별도의 계좌를 만들어 놓고 모든 계좌에서 이익을 낸 뒤 폐쇄(주식 매도)하길 기대합니다. 이익 난 종목을 파는 것은 성공한 투자자로 계좌를 마감하는 것입니다. 그러나 손실 난 종목을 파는 것은 실패한 투자자가 되는 동시에 계좌가 적자인 채 닫아야 하므로 기피하게 됩니다. 합리적인 투자자라면 지금 이익인지 손해인지의 프레임이 아니라 미래에 수익이 낮을 것으로 예상되는 종목부터 팔 것입니다.

한번 비용이 들어가면 쉽게 포기하지 못하게 마련입니다. 잘못된 선택이고 불행한 결과가 빤한데도 이미 들인 노력과 비용이 아까워 계속 붙잡고 있는 것입니다. 예컨대 야구 입장권을 돈 주고 샀다는 이유로 눈보라를 뚫고 야구장까지 50킬로미터라는 장거리를 운전해 가는 것입니다. 경제학에서 흔히 말하는 매몰 비용의 오류(sunk-cost fallacy)입니다. 평소에는 비만을 걱정하다가도 뷔페에만 가면 낸 돈이 아까워 배 터지도록 먹는 것도 이런 오류입니다. 뷔페에서 많이 먹을수록 한 접시당 단가가 내려가는 것으로 간주해 싸게 먹었다는 만족감을 느끼는 현상입니다.

끝이 좋으면 다 좋은 이유

나는 동료 돈 레델마이어와 1990년대 초에 환자 154명을 대상으로 대장 내시경 체감 고통에 관한 연구를 실시했습니다. 지금은 환자들이 대개 수면 내시경을 받지만 당시에는 맨정신에 튜브를 대장까지 넣었기에 무척 고통스러웠습니다. 실험에 참가한 환자들의 고통 정도를 1분마다 0(고통 없음)~10(도저히 참을 수 없음)으로 기록했습니다.

환자들에게 고통 정도를 물어 본 결과 대장 내시경의 전반적 느낌은 고통이 가장 컸을 때와 마지막 3분간 느낀 고통의 평균치에 좌우된다는 것을 알게 됐습니다. 검사 시간은 최소 4분에서 69분까지 차이가 컸습니다. 하지만 환자들이 느낀 고통과 검사 시간은 당초 예상과 달리 관계가 없었습니다.

환자 A와 환자 B의 구체적인 사례를 통해 알아봅시다. 둘 다 가장 고통스런 순간의 고통 정도는 8로 같았고, 마지막 고통 정도는 환자 A가 7인 반면 환자 B는 1이었습니다. 내시경에 걸린 시간은 환자 A가 8분, 환자 B는 24분이었습니다. 내시경 시간이 길었고 고통의 총량도 컸던 환자 B가 당연히 더 고통스러웠을 것이란 게 공통된 의견이었습니다.

하지만 결과는 달랐습니다. 고통스런 순간에 내시경이 끝난 환자 A가 환자 B보다 훨씬 나쁜 기억을 가진 것입니다. 가장 고통스런 순간(8)과 마지막 순간 고통(A: 7, B: 1)의 평균치는 환자 A가 7.5, 환자

B는 4.5였습니다. 내시경에 걸린 시간은 B가 A의 세 배에 달하는데도 고통은 A가 더 심하게 느낀 것입니다.

이처럼 절정(peak)과 종결(end) 시점의 기억이 전체적인 인상을 좌우하는 것을 피크 엔드 효과(peak-end effect) 또는 절정과 종결 법칙이라고 부릅니다. 또한 지속 시간의 길고 짧음이 전반적인 인상의 정도와 무관한 현상은 지속 시간 무시(duration neglect)라고 합니다. 아인슈타인이 상대성 원리를 설명할 때 "애인과의 한 시간은 1분 같지만 뜨거운 난로에 손을 얹으면 1분이 한 시간 같다"고 말한 것도 바로 이런 심리 현상과 일맥상통합니다. 사람의 기억은 늘 상대적으로 각인된다는 이야기입니다. 피크 엔드 효과를 쉬운 말로 바꾸면 '끝이 좋으면 다 좋다'라고 할 수 있습니다.

이러한 프레이밍 효과가 나타나는 사례들을 좀 더 살펴봅시다. 다음 장면들은 실제로 한국 신문에 보도된 사건들을 재구성한 것입니다. 마음속에 설정된 비교 프레임에 따라 감정이 확 달라지는 현상을 확인할 수 있습니다.

- 사례 1: 서울시 교육청은 올해 서울 시내 중고교 국어 교사를 9명만 임용한다고 발표했다. 수백 명에 달하는 각 대학 국어교육과 졸업생들에게 교사 자리는 하늘의 별 따기가 될 판이었다. 학생들은 강하게 반발했고 교육청 앞에서 피켓 시위를 벌이기도 했다. 결국 교육청이 국어 교사 임용을 18명으로 늘려 주기로 약속하고 나서야 잠잠해졌다.

- 사례 2: 서울의 D대학은 올해 등록금을 4.9퍼센트 인상한다고 공지했다. 등록금 동결을 요구해 온 총학생회는 즉각 등록금 인상 저지 투쟁에 나섰다. 학생들도 등록 거부 움직임까지 보였다. 결국 대학 측은 등록금 인상률을 2.8퍼센트로 낮추고, 이미 인상된 등록금을 낸 학생들에게는 그 차액을 환불해 줬다. 대다수 학생들은 이런 조치에 환영했다.
- 사례 3: 연말 정산에서 '13월의 보너스'를 기대했던 직장인들은 연말 정산표를 받아 보고 단단히 화가 났다. 세금 환급액이 턱없이 줄었기 때문이다. 정부가 세법을 개정해 근로소득세율을 1퍼센트포인트 낮춘 대신 일부 공제 항목을 폐지했거나 공제율을 축소한 결과였다. 직장인들은 자영업자와 비교할 때 가뜩이나 유리 지갑인지라 불만이 많았기에 곳곳에서 불만이 터져 나왔지만 한번 결정된 연말 정산 결과는 번복되지 않았다.

앞의 두 장면은 끝이 좋으면 다 좋은 것처럼 느껴지게 만듭니다. 국어 교사를 9명에서 18명으로 늘리고 등록금 인상률을 4.9퍼센트에서 2.8퍼센트로 낮췄더니 조용해진 것입니다. 언뜻 보면 교육청이나 대학 측이 학생들의 반발이 두려워 물러선 것처럼 보입니다. 하지만 서울시에서 국어 교사를 18명 채용한다고 해서 수백 명의 국어교육과 졸업생들이 교사가 될 확률이 획기적으로 높아진 것은 아닙니다. 또 등록금 인상률이 다소 낮아졌다고 해도 총학생회가 요구해 온 등록금 동결이 관철된 것도 아닙니다.

어쩌면 교육청이나 대학 측이 반발을 예상해 처음에는 최악의 상황을 제시하고 학생들이 강하게 항의하자 마지못해 양보한 것 같은 모양새를 만든 것은 아닐까요? 만약 교육청이 처음부터 국어 교사 18명을 임용한다고 발표했어도 학생들이 잠잠했을까요? 교육청의 조치는 국어교육과 졸업생들의 비교 프레임을 '쥐꼬리 임용(9명이든 18명이든 졸업생 숫자에 비해 턱없이 부족하기는 마찬가지)'에서 '두 배 임용(9명 임용→18명 임용)'으로 바꿔 놓은 것입니다. 물론 그럴 리야 없겠지만, 교육청이 애초부터 18명을 임용할 계획을 가졌던 것은 아닐까요?

마찬가지로 D대학이 처음에 등록금 인상률을 2.8퍼센트라고 공지했으면 어땠을까요? 등록금 동결을 요구해 온 총학생회가 반발 정도에선 차이가 있을지 몰라도 가만히 있지는 않았을 것입니다. 하지만 4.9퍼센트 인상안이 2.8퍼센트로 낮아지자 반발이 사라졌고 오히려 환불된 돈을 손에 쥐고 즐거워한 학생들도 많았습니다. 대학 측이 처음에 내놓은 인상안이 기준점(anchor)으로 작용해 종전보다 결과가 나아졌다는 비교 프레임을 만들어 낸 것입니다. 즉, '인상 대 동결'이라는 프레임이 '대폭 인상 대 소폭 인상'이라는 프레임으로 바뀌면서 등록금 인상이 무난히 관철될 수 있었습니다. 이 역시 절대 그럴 리는 없겠지만, 대학 측이 본래 등록금을 3퍼센트 안팎으로 올리려던 것은 아닐까요?

장면 3에서는 보이는 게 전부라고 여기는 직관의 특성(WYSIATI)

과 프레이밍 효과를 함께 엿볼 수 있습니다. 연말 정산에서 세금 환급액이 줄었어도 직장인들의 세금 부담이 더 늘어난 것은 아니었습니다. 정부가 세법을 고칠 때 세율을 1퍼센트 내렸으니 미리 걷은 세금 액수가 줄었습니다. 대신 공제 항목을 없애거나 공제율을 줄여 환급액도 그만큼 줄어든 것뿐입니다. 쉽게 말해 종전에는 더 내고 더 돌려받았는데, 이번부터는 덜 내고 덜 돌려받는 것으로 바뀐 셈입니다.

하지만 직장인들에게 세금 환급액은 곧 '13월의 보너스'로 프레임되어 있습니다. 그래서 클수록 좋다고 여깁니다. 월급에서 매달 원천 징수하는 세금이 늘고 주는 것은 잘 보이지 않습니다. 그러나 나중에 연말 정산으로 돌려받는 환급액은 공돈이 생긴 것 같아 기분이 좋아집니다. 그런 프레임으로 보았기에 세금을 덜 내고 환급액도 줄어든 데 대해 마치 세금을 더 빼앗긴 것처럼 느끼게 된 것입니다. 끝이 좋으면 다 좋아 보일 텐데, 결말이 종전보다 나빠졌으니 정반대의 감정적 반응이 나온 셈입니다.

최후통첩 게임과 독재자 게임

선호는 개개인의 취향이기 때문에 사실 감정 프레임에 의해 좌우되게 마련입니다. 하지만 주류 경제학에서는 사람의 감정을 그다지 중요하게 여기지 않았습니다. 호모 이코노미쿠스(경제적 인간)는 감정에 따라 선호나 선택이 오락가락하지 않고 오직 합리적 계산에 의해 움직이는 사람으로 그려집니다. 하지만 감정이 선호나 선택에 중대한 영향을 미친다는 사실은 너무나 분명합니다.

최후통첩 게임(ultimatum game)은 감정이 미치는 영향과 사람들의 공정성에 대한 선호를 보여 줍니다. 최후통첩, 마지막으로 던지는 메시지를 뜻하는 ultimatum은 맷 데이먼이 주연한 영화 본 시리즈 3편의 제목 〈본 얼티메이텀〉을 생각나게 합니다. 이기적인 인간이 왜 최후통첩 게임에서와 같은 행동을 보이는지에 대해 아직 명확한 원인은 발견되지 않았습니다. 공정성과 이익 추구 사이의 딜레마를 다룬 이 게임은 경제학, 심리학, 신경 과학 등 다양한 분야에서 큰 관심을 모으고 있습니다. 최후통첩 게임에 관한 논문이 해마다 20~30편씩 쏟아져 나올 정도이니까요.

최후통첩 게임은 1982년 독일 훔볼트 대학교 연구 팀이 개발했습니다. 게임 내용은 이렇습니다. 제안자와 응답자 두 사람이 있습니다. 실험 주최 측은 제안자에게 10달러를 건네주고 나눠 갖는 협상을 하도록 요청합니다. 제안자는 10달러에서 자기 몫을 제외한 상대방(응답자)의 몫을 결정해 응답자에게 이 금액을 받아들일 것인지 묻습니다. 이때 응답자가 이 제안을 수용하면 그 몫대로 돈을 나눠 가질 수 있지만 거부할 경우에는 둘 다 한 푼도 못 갖게 됩니다. 그렇다면 제안자는 응답자에게 얼마를 제시해야 할까요?

주류 경제학에서 말하는 합리적 선택을 하는 경제적 인간들이라면 제안자가 얼마를 제시하든 응답자는 수용해야 맞습니다. 제안 금액이 단돈 1센트라도 거부하는 것보다는 받는 게 이득이니까요. 경제적 인간의 판단 기준은 감정이 아니라 이익 극대화에 있습니다. 하지만 실험에서 사람들이 보인 행동은 전혀 달랐습니다.

제안자가 자기 몫과 응답자의 몫을 5 대 5로 나누겠다는 비율이 가장 많았고, 6 대 4, 7 대 3을 제안한 사람들이 전체의 80퍼센트를 넘었습니다. 평균 제안 금액은 4.5달러 정도였습니다. 제안자가 자기 몫보다 더 주려고 하진 않기에 최고 제안 금액이 5달러를 넘지는 않았습니다. 금액을 달리한 다른 실험에서도 제안자가 제시한 금액의 평균은 대략 총액의 40~48퍼센트 사이에 있었습니다. 이기적인 인간의 행동으로 보기에는 이상하죠?

물론 예외가 없는 것은 아닙니다. 자폐증 환자와 일부 원시 부족의 경우에는 최후통첩 게임에서 색다른 결과가 나왔습니다. 자폐증 환자 실험에서는 3분의 1이 0(한 푼도 안 주는 것)을 제시했다고 합니다. 자폐증 환자는 타인의 마음을 잘 읽지 못해 응답자가 거부할 가능성을 예측하지 못하는 경향이 있는 셈입니다. 또한 일부 소규모 부족들 중에는 어떤 제안이 전혀 거부가 없는 경우도 있고, 평균 50퍼센트가 넘는 아주 관대한 제안을 거부하는 부족도 관찰됐습니다. 하지만 이런 사례를 일반화할 수는 없을 것입니다.

최후통첩 게임에서 진짜 재미있는 것은 응답자들의 반응입니다. 응답자들은 3달러 미만을 제안받았을 때 거부하는 사람이 크게 늘어났습니다. 특히 1~2달러 이하 쥐꼬리 제안에 대해선 못 받아들이겠다는 응답자가 67퍼센트나 됐습니다. 자신은 한 푼도 못 받더라도 제

안자가 지나친 이득을 챙기는 게 더 싫었던 것입니다. 내가 망하는 한이 있어도 너 혼자 잘되는 꼴은 못 보겠다는 심리라고나 할까요.

최후통첩 게임의 결과에 흥미를 느낀 경제학자들은 이 게임을 살짝 바꿔 독재자 게임(dictator game)을 만들어 실험했습니다. 독재자 게임은 최후통첩 게임의 상황에서 응답자에게 제안을 거부할 권한을 주지 않는 것입니다. 즉, 제안자가 제시한 금액을 응답자는 무조건 수용해야 하는 상황입니다. 그렇다면 제안자는 과연 얼마를 제시할까요? 이 경우에는 제안자 중에 9 대 1, 9.5 대 0.5, 심지어 9.9 대 0.1까지 아주 조금만 떼어 주겠다는 사람이 크게 늘어났습니다. 제안자가 마치 독재자처럼 전권을 갖게 된 탓입니다. 하지만 제안자의 30퍼센트 가량은 달랐습니다. 8 대 2 또는 7 대 3을 제시하는 사람들이 많았고 심지어 6 대 4나 5 대 5를 제안하는 사람들까지 있었습니다.

결국 최후통첩 게임과 독재자 게임에서 확인할 수 있는 사실은 사람은 자신의 이익 극대화를 위해 노력하는 경제적 인간인 동시에 그에 못지않게 분배 비율 같은 공정성도 중시하는 사회적 인간이라는 것입니다. 이는 사회 문제를 바라보는 프레임을 결정하는 요인입니다.

사람들이 스스로 이기적 또는 합리적 선택을 하지 않는 데에는 이유가 있습니다. 여러분들도 잘 아시는 게임 이론을 보면 죄수의 딜레마에서 최상의 전략은 배신입니다. 하지만 죄수의 딜레마가 거듭해서 반복되는 상황이라면 달라집니다. 내가 배신하면 당장의 이익을 가져오지만 다음번에는 상대방의 보복을 각오해야 합니다. 이른바 눈에는 눈(tit for tat: 되갚기) 전략을 구사하기 때문입니다. 따라서 되풀이되는 죄수의 딜레마라면 배신보다 협력이 더 큰 이익을 가져오는 최상의 전략이 됩니다. 내가 호의를 베풀면 상대방도 호의를 베풀고, 그 반대도 마찬가지로 성립한다는 생각은 인간 본성의 하나로 자리 잡았습니다. 이를 상호성(reciprocity)이라고 합니다.

죄수의 딜레마
범죄를 저지른 두 명의 공범을 각각 독방에 가둡니다. 둘 다 자백을 하면 낮은 형량을, 둘 다 부인을 하면 무죄를, 한 명은 부인했지만 나머지 한 명이 자백할 경우에는 자백한 사람은 풀려나고 부인한 사람은 아주 높은 형량을 살게 됩니다. 이때 모두 부인하는 것이 최선의 선택임에도 불구하고 죄수들이 자신을 위해 자백이라는 선택을 하게 되는 현상을 의미합니다.

상호성은 인류가 아주 오랜 동안 공동생활을 영위해 온 과정에서 생겨났습니다. 당장 눈앞의 이익 못지않게 상대방에 대한 배려심도 어느 정도 갖게 된 것입니다. 예를 들어 차로가 좁아질 때 서로 먼저 가려 하면 아무도 못 가게 되고, 극장에서 화면이 잘 안 보인다고 너도나도 엉덩이를 들면 맨 뒤에 앉은 사람들은 일어나서 봐야 합니다. 그런 경험이 쌓이면서 사람들은 좁은 차로에 진입할 때 양쪽에서 한 대씩 차례로 들어가고, 극장에서는 뒷사람에게 불편을 주는 게 아닌지 신경 쓰게 마련입니다.

진화 생물학에서는 이런 인간 행동의 특성을 이기심과 이타심이 제각기 또는 서로 영향을 미치며 함께 진화(공진화: 共進化)한 결과로 해석합니다. 사람들은 사회를 이루고 살아오면서 나 혼자 이익을 챙길 수만은 없다는 것을 수없이 학습해 왔습니다. 따라서 인간 본성인 상호성과, 이기심과 이타심의 공진화는 개인적 선호와는 차이가 있는 사회적 선호를 형성하게 된 것입니다.

경험자아 vs 기억자아

18세기 **공리주의** 철학자 제러미 벤담 이래 효용(utility)은 경제학에서는 절대로 **빼놓을** 수 없는 개념이 됐습니다. 오죽하면 효용을 경제학자들의 영원한 연인이라고 부를 정도입니다. 벤담의 명저『도덕과 입법의 원리 서

> **공리주의**
> 가치 판단의 기준을 효용과 행복의 증진에 두어 '최대 다수의 최대 행복' 실현을 목적으로 본 사회 사상입니다.

설』은 다음과 같은 유명한 문장으로 시작합니다.

"자연은 인류를 고통과 쾌락이라는 두 주인에게 지배받게 만들었다. 우리가 무엇을 할 것인가를 지시하고 결정하는 것은 오로지 이 두 주인일 뿐이다. ……고통과 쾌락, 이 둘은 우리가 하는 모든 것, 말하는 것, 생각하는 것, 행동하는 것을 지배한다."

실제 경험에서 얻게 되는 고통과 쾌락은 효용 그 자체를 의미합니다. 하지만 벤담은 이 책의 각주에서 더 나은 단어를 찾아낼 수 없었다며 이런 경험들에 효용이란 단어를 적용한 것을 사과했습니다. 효용이란 단어로 뭉뚱그렸기에 개념상 뭔가 어색한 느낌을 줍니다.

지난 100년 동안 경제학자들이 사용해 온 효용의 의미는 '뭔가 원할 수 있는 능력'입니다. 이런 의미의 효용은 합리적 판단과 선택에만 적용될 뿐이지, 벤담이 언급한 효용의 원천인 쾌락적 경험에 대해서는 알려 줄 수 있는 게 전혀 없습니다. 그래서 나는 쾌락적 경험에 의한 효용을 경험 효용(experienced utility)으로, 의사 결정 단계에서 적용되는 효용을 결정 효용(decision utility)으로 구분해 불렀습니다.

경험 효용과 결정 효용 사이의 차이에 대해 나는 오래전부터 관심을 가졌습니다. 나와 트버스키는 프로스펙트 이론을 연구 중이었을 때 퍼즐을 하나 만들었습니다. 매일 한 차례씩 고통스런 주사를 맞는 사람을 상상해 봅시다. 주사 횟수를 6회에서 4회로 줄이는 것과 20회에서 18회로 줄이는 것의 가치와 강도는 똑같을까요?

데이터를 수집할 필요도 없었습니다. 결과가 뻔했으니까요. 누구든 고통스런 주사를 맞는 횟수를 10분의 1(20회→18회) 줄이는 것보다는 3분의 1(6회→4회) 줄이길 원할 것입니다. 두 번의 주사를 피하게 해 주는 결정 효용이 6회에서 4회로 줄일 때가 20회에서 18회로 줄일 때보다 더 높은 것은 당연했습니다. 주류 경제학의 효용 이론대로라면 경험에서 얻은 경험 효용과 의사 결정 단계의 판단 기준인 결정 효용이 같아야 할 것입니다.

하지만 경험 효용이 그대로 결정 효용이 되는 것은 아닙니다. 사람들은 자신의 경험을 기억에 따라 재평가합니다. 앞서 예로 든 환자들의 대장 내시경 고통에 대한 기억처럼 피크 엔드 효과, 지속 시간 무시 등과 같은 편향에 따라 각자의 경험은 달리 기억됩니다. 이처럼 경험 효용이 머릿속에서 재가공된 것이 기억 효용(remembrance utility)입니다. 결국 사람들의 선택은 과거 경험에서 얻은 경험 효용이 가공된 기억 효용에 기초해 이뤄집니다. 효용 개념에 대한 우리의 새로운 분류는 주류 경제학의 합리성이란 전제에 도전으로 받아들여졌습니다. 나는 사람들이 자신이 경험한 효용을 정확히 파악하고 있고 이를 토대로 의사 결정을 행한다는 가정이 성립되지 않는다고 보았습니다.

사람들이 효용에 대해 이렇게 달리 느끼는 것은 마음속의 두 자아에 기인합니다. 지금 경험하는 것을 느끼면서 즐거움과 쾌락을 즐기고 괴로움과 고통은 피하려고 하는 경험자아(experiencing self)와, 자신의 경험을 회상하고 평가하는 기억자아(remembering self)가 바로 그것입니다. 이것은 그동안 설명했던 시스템 1, 시스템 2와는 다른 범주의 개념입니다. 경험자아의 지속 시간 무시와 피크 엔드 효과는 시스템 1에서 시작되며, 기억자아는 시스템 2가 만듭니다. 우리는 지속 시간이 중요하다고 믿지만 우리의 기억은 그렇지 않다고 말합니다.

환자가 느끼는 대장 내시경의 고통에 대해 두 자아는 다른 관점에서 접근합니다. 경험자아는 '지금 아픈가'라는 물음에 대답하는 자아이고, 기억자아는 '전체적으로 어땠는가'라는 질문에 평가를 내리는 자아입니다. 기억자아는 가끔 틀리지만 경험 효용에 점수를 매기고 우리가 삶 속에서 배운 것을 지배하고 결정 내리게 만듭니다.

기억자아의 의사 결정 능력을 보여 주기 위해 나는 동료들과 찬물에 손 넣기 실험을 했습니다. 실험 참가자들은 7분 간격을 두고 두 차례에 걸쳐 찬물에 손을 담갔습니다. 첫 번째 실험에서는 차갑지만 참지 못할 정도는 아닌 섭씨 14도의 물에 손을 1분간 담그도록 했습니다. 두 번째 실험에서는 1분 30초 동안 찬물에 손을 넣는데, 처음 1분은 첫째 실험과 같고 나머지 30초는 약간 따뜻한 물이 흘러들어가게 해 수온이 1도 정도 오르도록 했습니다.

세 번째 실험에서는 참가자들에게 선택권을 줬습니다. 앞서 두 실험 중에 참가하고 싶은 실험을 고르게 했습니다. 우리는 절정과 종결 법칙에 따라 긴 실험보다 짧은 실험에 대한 기억이 더 좋지 않을 것으로 예상했고, 지속 시간 무시 규칙에 따라 1분과 1분 30초란 고통의 시간 차이는 무시될 것으로 예상했습니다. 역시 참가자들의 80퍼센트가 긴 실험을 선택했습니다. 고통스런 것인데도 30초 동안 더 고통을 겪을 의사를 보인 것입니다.

만약 사전에 참가자들에게 "1분과 1분 30초 중 얼마 동안 찬물에 손을 담그겠느냐"고 물었다면 다들 1분을 선택했을 것입니다. 하지만 사전 질문 없이 참가자들의 경험만으로 선택하게 했더니 대다수가 긴 실험을 골랐습니다. 경험자아의 관점에서는 긴 실험이 분명히 더 힘들 텐데, 기억자아는 오히려 길지만 종결이 조금은 나은 쪽을 선택했습니다.

경험과 기억 사이의 혼동은 강력한 인지적 착각을 낳습니다. 이런 혼동으로 인해 우리는 과거 경험이 엉망이었다고 믿게 마련입니다. 경험자아는 제 목소리를 내지 못하고 기억자아는 강제적으로 선택을 좌우합니다.

캘리포니아 주민은 더 행복할까

끝으로 나는 삶의 질과 행복에 대해서도 관심을 가졌습니다. 누구나 행복이 화두이지만 과연 무엇이 자신의 행복인지, 또한 타인들은 무엇에서 행복을 느끼는지에 대해선 오판하는 사람들이 많습니다. 흔히 삶을 종합 평가할 때 현재 집중하는 어떤 부분이 큰 자리를 차지할 때가 많습니다. 이런 심리적 오류를 초점 착각(focusing illusion)이라고 합니다. 사람들은 행복에 관한 질문을 받았을 때 인생을 신중하게 평가한다고 볼 수 없습니다. 시스템 1은 행복의 조그만 일부를 행복 전체로 대체하는 휴리스틱을 손쉽게 불러냅니다.

나는 동료 데이비드 슈케이드와 함께 캘리포니아 주 대학생들과 오하이오 주, 미시건 주 등 중서부 지역 대학생들을 대상으로 실험을 했습니다.

① 캘리포니아 주민들은 다른 주의 주민들보다 행복한가?
② 캘리포니아 주민들의 상대적 행복감에 대한 대중의 근거는 무엇인가?

실험 결과 캘리포니아와 중서부 지역 학생들의 인생에 대한 만족감은 실제로 별 차이가 없었습니다. 그러나 기후를 대하는 태도만큼은 확연히 달랐습니다. 캘리포니아 학생들은 캘리포니아의 온화하고 늘 햇볕이 따사로운 기후를 좋아했고, 중서부 지역 학생들은 여름에 덥고 겨울에 추운 그곳 기후를 싫어했습니다. 물론 기후가 행복의 주된 결정 변수가 될 수는 없습니다. 그러나 기후가 온화한 캘리포니아 주민들이 행복할 것이라는 잘못된 관점을 광범위하게 확인할 수 있었습니다. 기후에 과도할 만큼 무게를 두는 반면, 행복을 결정하는 다른 모든 변수에는 거의 무게를 두지 않았기에 이런 초점 착각이 일어난 것입니다.

아이를 갖지 못한 부부라면 아이를 가진 부부가 더없이 행복해 보일 테지만, 아이를 키우는 부부는 거꾸로 무자식이 상팔자라고 할 것입니다. 흔히 한국 사람들은 제주도에 여행 가면 그곳에서 살고 싶다고 이야기합니다. 어디에 가나 푸른 바다와 아름다운 자연을 볼

수 있으니까요. 하지만 제주도 주민들은 오히려 육지 사람들을 부러워합니다. 어디 가나 바다로 막힌 환경이 그들에게는 별로 행복을 주지 못한다고 여기는 것입니다. 그래서 초점 착각은 자신의 현재 행복 상태뿐 아니라 타인의 행복감, 그리고 미래 자신의 행복마저 오판하게 만듭니다.

행복은 효용을 극대화하는 것이라고 할 수 있습니다. 하지만 경험 효용과 기억 효용의 불일치 탓에 사람은 무엇이 효용을 극대화하는 것인지 알기 어렵습니다. 아니, 알 수가 없습니다. 주류 경제학에서 말하는 호모 이코노미쿠스(이콘)는 항상 최상의 선택을 위해 동분서주합니다. 예컨대 이콘들은 계약서에 적힌 깨알 같은 글자를 낱낱이 읽고 난 뒤에야 서명하겠지만, 보통 인간이라면 그렇게 하지 않을 것입니다. 인간은 장기간 보통 수준의 행복보다는 단기간 강렬한 기쁨을 선호합니다. 경제학이 이런 인간의 본성을 덮어 둔 채 이콘들의 합리적 행위만을 가정해 세상을 파악하면 제대로 보기 어려울 것입니다.

심리학자 배리 슈워츠는 『선택의 심리학』에서 사람의 유형을 극대화자(maximizer)와 만족자(satisfier)로 구분했습니다. 이콘처럼 모든 대안과 정보를 분석해 최상의 선택만을 추구하다 보면 결코 행복해질 수 없을 것입니다. 극대화자는 선택하고 나면 반드시 후회가 뒤따릅니다. 언제 어디에 더 나은 대안이 있을지 모르니까요. 그래서 슈워츠가 제안하는 관점은 만족자입니다. 만족자는 최상의 선택이 불가능하다는 것을 알고 더 나은 대안을 찾기 위해 동분서주하기보다는 웬만하면 만족하는 스타일입니다. 행복이 주관적이고 상대적인 만큼 선택에 대한 만족도 역시 상대적일 수밖에 없습니다. 이런 사실을 받아들이고 나면 삶이 훨씬 행복하게 느껴지지 않을까요?

지금까지 인간이 얼마나 허술한 존재인지만 잔뜩 설명한 것 같군요. 하지만 인간은 기본적으로 이성적이고 합리적이란 것은 분명합니다. 다만 그 이성이 약간의 결함이 있고, 자신도 모르게 잘못된 길로 들어갈 때가 자주 있을 뿐입니다. 사람들이 스스로 이성의 결함

을 인정한다면 세상은 훨씬 나아질 여지가 있습니다. 내 연구 성과
가 사람들로 하여금 스스로 문제를 깨닫고 더 나은 세상을 만드는
데 조금이나마 보탬이 되길 기대합니다.

동메달이 은메달보다 행복한 이유

올림픽 시상대를 보면 동메달을 딴 선수가 희희낙락하는 반면 은메달을 딴 선수는 대개 시무룩한 표정을 보입니다. 분명히 동메달보다 은메달이 더 잘한 것인데 왜 그럴까요? 끝이 좋았느냐의 차이입니다. 은메달리스트는 금메달을 딸 수도 있었지만 아쉽게도 결승에서 패한 경우이지만, 동메달리스트는 3, 4위전에서 승리했기에 끝이 좋은 경우입니다.

미국 코넬 대학교 심리학과 연구 팀은 1992년 바르셀로나 올림픽에서 메달이 결정된 순간 은메달리스트 23명과 동메달리스트 18명의 표정을 보고 심리 상태를 분석했습니다. 비통은 0점, 환희는 10점 만점으로 매긴 결과 은메달리스트는 평균 4.8점, 동메달리스트는 7.1점이었습니다. 동메달의 행복감이 은메달보다 크다는 사실이 실제로 확인된 것이죠.

사람들은 저마다 세상을 보는 자신만의 프레임이 있습니다. 그 틀을 통해 선택도 이루어지게 되지요.

어떤 프레임을 제시하느냐가 사람들의 선택에도 큰 영향을 미치죠.

그것이 비록 합리적이지 않다고 하더라도 사람들은 선뜻 행동하게 됩니다.

"심리학과 경제학의 위대한
결혼이 행동 경제학이지요"

 이제 모든 수업이 끝났습니다. 강의를 들으며 행동 경제학의 기본 개념들이 이해가 되셨는지요? 내 강의를 따라오느라 고생이 많으셨을 것 같습니다. 사실 경제학 강의로 아신 분들은 다소 의아하게 여겼을 수도 있을 것입니다. 심리 실험을 통해 인간의 인식 체계의 허점을 찾아내는 것이 경제학과 무슨 관계가 있냐고 되물을 수도 있다고 봅니다.

 하지만 우리는 일상 속에서 수없이 판단과 선택에 직면합니다. 그런 판단과 선택은 기본적으로 우리가 어떻게 사고하고 인식하는지에 좌우됩니다. 그런 의미에서 행동 경제학은 심리학과 경제학의 단순한 교집합이 아니라 위대한 결혼이라고 생각합니다.

 내 강의를 들으면서 사람이 얼마나 쉽게 잘못된 판단과 오류, 편향에 빠지는지를 보고 놀란 분들도 있을 것입니다. 그래서 카너먼은 인간을 비합리적·비이성적인 존재로 상정했다고 지레 짐작하시는 분들도 있겠죠? 내가 전적으로 인간의 합리성을 부인한 것은 절대

아닙니다. 인간은 합리적인 존재입니다. 다만 그 합리성은 절대적인 것이 아니라 제한적입니다. 나는 250년을 지배해 온 주류 경제학의 합리성이란 도그마를 지적하고 깨는 데 50여 년 연구 인생을 바쳤습니다.

　나는 자본주의 시장 경제의 효율성 자체를 부정하지 않습니다. 현존하는 그 어떤 경제 체제도 이보다 나은 성과를 내지 못했고 앞으로도 그러할 것입니다. 하지만 모든 정보를 알고 합리적으로 선택하는 인간이나 완전 경쟁이 이뤄지는 시장은 현실에서는 존재하지 않습니다. 오히려 개인과 집단의 과신과 낙관주의가 자본주의의 동력이 될 때가 많습니다. 수시로 경제 위기, 금융 위기, 버블(거품)이 벌어지는 이유입니다.

주류 경제학의 기존 모델로는 한계에 봉착할 수밖에 없습니다. 해가 갈수록 경제학자들이 설명하지 못하는 현상들이 너무 자주 벌어집니다. 이것이 유감스럽게도 현실입니다. 그래서 오늘날 경제 위기는 '경제의 위기'가 아니라 '경제학의 위기'로 보아야 한다는 지적이 타당하다고 생각합니다.

이제 현실과 동떨어진 경제학의 전제와 이론들은 반드시 극복되고 수정 보완되어야 합니다. 행동 경제학이 그 대안이 되기 위해서는 더욱 다양하고 풍성한 연구와 검증 과정을 거쳐야 할 것입니다. 앞으로 그런 작업은 경제학을 공부하려는 바로 여러분들의 몫입니다. 나보다 더 뛰어난 행동 경제학자가 한국에서 나온다면 나에게는 최상의 영광이 될 것입니다.

2010년도 수능 9월 모의 평가 10번

다음은 수업 시간에 학생들이 제출한 활동지의 일부이다. 이에 대한 추론으로 옳지 않은 것은? [3점]

선생님 : 선택에 따른 순편익은 편익에서 비용을 뺀 것입니다. 여러분이 용돈 1,000원으로 가격이 1,000원인 A, B, C 중 한 개만을 선택할 수 있다고 합시다. 다음 활동지에 자신의 편익을 쓰고, 비용을 어떻게 측정해야 하는지를 작성해 봅시다.

....

갑

활동 1 : 선택에 따른 나의 편익

A	B	C
1,200원	1,300원	1,500원

활동 2 : 비용 측정 방법
선택에 따른 비용은 돈을 얼마나 지출하는가로 측정한다.

을

활동 1 : 선택에 따른 나의 편익

A	B	C
1,200원	1,500원	2,000원

활동 2 : 비용 측정 방법
선택에 따른 비용은 기회 비용으로 측정한다.

---

① 갑은 A를 선택하든지 B를 선택하든지 동일한 비용이 든다고 생각할 것이다.

② 을은 A를 선택하든지 B를 선택하든지 동일한 비용이 든다고 생각할 것이다.

③ 갑은 B를 선택하든지 C를 선택하든지 동일한 비용이 든다고 생각
  할 것이다.

④ 을은 B를 선택하든지 C를 선택하든지 동일한 비용이 든다고 생각
  할 것이다.

⑤ 갑과 을이 모두 C를 선택했다면 갑과 을이 생각하는 순편익은 동
  일할 것이다.

2008년도 수능 경제 9번

다음 자료에 나타난 해외 여행에 대한 갑의 의사 결정 과정 중 (가)에 해
당하는 사례로 가장 적절한 것은? [2점]

> 유럽 여행을 계획하던 갑은 서브프라임 모기지 사태에 따
> 른 미국 경기 침체로 달러 가치의 하락 추세가 가속화될
> 것이라는 소식을 접하게 되었다.
> 문제 인식 → 자료 및 정보 수집 → 대안 탐색 → (가) →
> 대안 선택 → 결과 반성 및 평가

① 미국의 경기와 환율 추이를 파악한다.

② 비용과 편익을 비교하여 미국과 유럽 여행에 대해 평가한다.

③ 달러 가치 변동 소식으로 미국 여행에 대해 관심을 갖는다.

④ 외국 여행을 위해 회사에서 언제 휴가를 받을 수 있을지 파악한다.

⑤ 달러 가치가 추가적으로 하락할 것으로 예상하여 여행 계획을 늦
  춘다.

다음 사례로부터 옳게 추론한 내용을 〈보기〉에서 모두 고른 것은? [2점]

> 갑이 운영하는 놀이방에서는 오후 6시까지 아이들을 돌본
> 다. 그러나 많은 부모들은 오후 6시가 넘어서 아이들을 데
> 리러 온다. 그 때문에 일과가 모두 끝난 후에도 아이들을
> 돌보는 교사를 남겨 두어야 한다. 부모들의 지각을 막기
> 위해서 갑은 부모가 늦을 때 10분당 2,000원의 벌금을 부
> 과하였다. 그러자 지각하는 부모가 오히려 늘어났다. 이에
> 갑이 벌금을 10분당 5,000원으로 올리자 비로소 지각하는
> 부모가 없어졌다.

〈보기〉

> ㄱ. 지각하는 부모는 경제적 유인에 반응하지 않는다.
> ㄴ. 지각하는 부모는 기회 비용을 고려한 선택을 한다.
> ㄷ. 지각하는 부모는 갑에서 추가적인 비용을 발생시킨다.
> ㄹ. 10분당 벌금을 올릴수록 갑의 벌금 수입은 증가한다.

① ㄱ, ㄴ   ② ㄱ, ㄷ   ③ ㄴ, ㄷ

④ ㄴ, ㄹ   ⑤ ㄷ, ㄹ

● 기출 문제 활용 노트 답안

2010년도 수능 9월 모의 평가 10번 답 ④

갑의 비용은 돈을 얼마나 지출하는가이기 때문에 갑은 어느 것을 선택하든 비용은 1,000원으로 동일하다. 또 을이 A와 B 중 하나를 선택한다면 을의 비용은 기회 비용인 2,000원으로 동일하다. 하지만 C를 선택했을 때 기회 비용은 1,500원이 되므로 ④번이 옳지 않다. 또한 순편익은 편익에서 비용을 뺀 것이므로 갑과 을이 C를 선택했을 때의 순편익을 계산해 보면, 갑의 순편익은 1,500원에서 1,000원을 뺀 500원이 된다. 을의 순편익 역시 2,000원에서 1,500원을 뺀 500원으로 갑과 을이 동일하게 된다.

2008년도 수능 경제 9번 답 ②

합리적인 의사 결정 과정은 문제 인식, 자료 및 정보 수집, 대안 탐색, 대안 평가, 대안 선택, 결과 반성 및 평가로 이루어진다. 따라서 (가)에 해당하는 과정은 대안의 평가가 된다. 대안 평가 과정은 비용과 편익을 비교하고 다른 선택 가능한 대안들을 비교하는 단계에 해당한다. 따라서 미국과 유럽 여행에 대해 비교, 평가하는 ②번이 (가)에 해당하는 사례로 가장 적절하다. ①과 ④는 자료 및 정보 수집 단계이며 ③은 여행을 가고자 하는 문제를 인식하는 첫 번째 과정, ⑤는 대안을 선택하는 단계에 해당한다.

2007년도 수능 경제 2번 답 ③

벌금이 2,000원일 때보다 5,000원일 때 지각하는 부모가 없어졌다는 것은 부모가 경제적인 유인에 민감하게 반응하는 것을 의미한다. 또한 벌금의 액수에 따라 지각 여부가 달라진다는 것은 액수에 따라 부모들이 기회 비용에 의한 선택을 하는 것으로 볼 수 있다. 또 부모들이 지각을 할 때 아이들을 돌볼 교사를 남겨 두어야 하기 때문에 갑의 입장에서는 추가적인 비용이 발생된다. 하지만 벌금을 5,000원으로 올린 이후에는 지각하는 부모가 사라졌기 때문에 일정 액수 이상에서는 갑의 벌금 수입은 증가하는 것이 아니라 오히려 감소하게 된다.

경제학자가 들려주는 경제 이야기 16

카너먼이 들려주는 행동 경제학 이야기

© 오형규, 2013

초판 1쇄 발행 2013년 1월 30일
초판 5쇄 발행 2020년 12월 31일

지은이   오형규
그린이   윤병철
펴낸이   정은영

펴낸곳   (주)자음과모음
출판등록 2001년 11월 28일 제2001-000259호
주소   04047 서울시 마포구 양화로6길 49
전화   편집부 02) 324-2347 경영지원부 02) 325-6047
팩스   편집부 02) 324-2348 경영지원부 02) 2648-1311
이메일   jamoteen@jamobook.com

ISBN 978-89-544-2567-4 (44300)

철학자가 들려주는 철학 이야기 (전 100권)

서정욱 외 지음

아이들의 눈높이에 맞춘 철학 동화!
책 읽는 재미와 철학 공부를 자연스럽게 연결한 놀라운 구성!

대부분의 독자들이 어렵게 느끼는 철학을 동화 형식을 이용해 읽기 쉽게 접근한 책이다. 우리의 삶과 세상, 인간관계에 대해 어려서부터 진지하게 느끼고 고민할 수 있도록, 해당 철학 사조와 철학자들의 사상을 최대한 풀어 썼다.

이 시리즈의 가장 큰 장점은 내용과 형식의 조화로, 아이들이 흔히 겪을 수 있는 일상사를 철학 이론으로 해석하고 재미있는 이야기로 담은 것이다. 또한 아이들의 눈높이에 맞는 쉽고 명쾌한 해설인 '철학 돋보기'를 덧붙였으며, 각 권마다 줄거리나 철학자의 사상을 상징적으로 표현한 삽화로 읽는 재미를 더한다. 철학 동화를 이끌어가는 주인공을 형상화하고 내용의 포인트를 상징적으로 표현한 삽화는 아이들의 눈을 즐겁게 만들어준다. 무엇보다 이 시리즈는 철학이 우리 생활 한가운데 들어와 있고, 일상이 곧 철학이라는 사실을 잘 보여준다. 무엇보다 자기 자신을 극복한다는 것, 인간을 사랑한다는 것, 진정한 인간이 된다는 것, 현실과 자기 자신을 긍정한다는 것 등의 의미를 아이들의 시선에서 풀어내고 있다.

수학자가 들려주는 수학 이야기 (전 88권)

차용욱 외 지음

국내 최초 아이들 눈높이에 맞춘 88권짜리 이야기 수학 시리즈!
수학자라는 거인의 어깨 위에서 보다 멀리, 보다 넓게
바라보는 수학의 세계!

수학은 모든 과학의 기본 언어이면서도 수학을 마주하면 어렵다는 생각이 들고 복잡한 공식을 보면 머리까지 지끈지끈 아파온다. 사회적으로 수학의 중요성이 점점 강조되고 있는 시점이지만 수학만을 단독으로, 세부적으로 다룬 시리즈는 그동안 없었다. 그러나 사회에 적응하려면 반드시 깨우쳐야만 하는 수학을 좀 더 재미있고 부담 없이 배울 수 있도록 기획된 도서가 바로 〈수학자가 들려주는 수학 이야기〉 시리즈이다.

★ 무조건적인 공식 암기, 단순한 계산은 이제 가라! ★

- 〈수학자가 들려주는 수학이야기〉는 수학자들이 자신들의 수학 이론과, 그에 대한 역사적인 배경, 재미있는 에피소드 등을 전해 준다.
- 교실 안에서뿐만 아니라 교실 밖에서도, 배우고 체험할 수 있는 생활 속 수학을 발견할 수 있다.
- 책 속에서 위대한 수학자들을 직접 만나면서, 수학자와 수학 이론을 좀 더 가깝고 친근하게 느낄 수 있다.

과학자가 들려주는 과학 이야기 (전 130권)

정완상 외 지음

위대한 과학자들이 한국에 착륙했다!
어려운 이론이 쏙쏙 이해되는 신기한 과학수업,
〈과학자가 들려주는 과학 이야기〉 개정판과 신간 출시!

〈과학자가 들려주는 과학 이야기〉 시리즈는 어렵게만 느껴졌던 위대한 과학 이론을 최고의 과학자를 통해 쉽게 배울 수 있도록 했다. 또한 지적 호기심을 자극하는 흥미로운 실험과 이를 설명하는 이론들을 초등학교, 중학교 학생들의 눈높이에 맞춰 알기 쉽게 설명한 과학 이야기책이다.
특히 추가로 구성한 101~130권에는 청소년들이 좋아하는 동물 행동, 공룡, 식물, 인체 이야기와 최신 이론인 나노 기술, 뇌 과학 이야기 등을 넣어 교육 과정에서 배우고 있는 과학 분야뿐 아니라 최근의 과학 이론에 이르기까지 두루 배울 수 있도록 구성되어 있다.

★ 개정신판 이런 점이 달라졌다! ★

첫째, 기존의 책을 다시 한 번 재정리하여 독자들이 더 쉽게 이해할 수 있게 만들었다.
둘째, 각 수업마다 '만화로 본문 보기'를 두어 각 수업에서 배운 내용을 한 번 더 쉽게 정리하였다.
셋째, 꼭 알아야 할 어려운 용어는 '과학자의 비밀노트'에서 보충 설명하여 독자들의 이해를 도왔다.
넷째, '과학자 소개·과학 연대표·체크, 핵심과학·이슈, 현대 과학·찾아보기'로 구성된 부록을 제공하여 본문 주제와 관련한 다양한 지식을 습득할 수 있도록 하였다.
다섯째, 더욱 세련된 디자인과 일러스트로 독자들이 읽기 편하도록 만들었다.